比較制度分析序説

経済システムの進化と多元性

青木昌彦

講談社学術文庫

学術文庫版へのまえがき

本書の初版は『経済システムの進化と多元性：比較制度分析序説』（東洋経済新報社）として一九九五年に出版された。比較制度分析にかかわる研究成果や政策分析への応用を、その前年に行った東京大学経済学部における講義をもとに、まとめたものだった。〔同書は、その後、ステーシィー・ジェーリック女史の手で英訳され、二〇〇一年三月に *Information, Corporate Governance, and Institutional Diversity: Competitiveness in Japan, the USA, and the Transitional Economies* というタイトルで、オックスフォード大学出版局から出版された〕

初版の「はしがき」にあるように、本書は当時の比較制度分析の「現状に関するとりあえずの中間報告」といったつもりで書かれ、引き続いて、この書物をもとに体系的な学術書を著すつもりでいた。しかしその仕事には意外と時間がかかり、*Towards a Comparative Institutional Analysis*（『比較制度分析に向けて』ＮＴＴ出版）として、その成果を世に問うまでに漕ぎ着けたのは、ようやく二〇〇一年一一月になってであった。本書にはまだ含まれていなかった「制度とはなにか」という本質論や、経済制度変化における認知の役割、シリコンバレー型の起業家企業クラスターの情報・インセンティブ特質、さらには国家という政治制度や社会規範という社会学的概念と経済制度のあいだの関連、そうしたテーマを分析するのに時間のかかったのが、その理由だった。

そのように本書は比較制度分析のまだ発展途上にあった段階での作品ではあるが、それだけにかえって正統派経済学に対する批判的問題意識などが、より鮮明に述べられているともいえよう。そういうわけで、初版に多少の字句の修正や二、三の誤りを正した以外、あえて出版当時の姿のままで学術文庫として再録していただくことにした。ただし制度本質論については、前掲書出版後に、その内容を簡潔に解説した「制度とは何か、どう変わるか、そして日本は?」(拙著『移りゆくこの十年　動かぬ視点』〈日経ビジネス人文庫、二〇〇二年〉所収)を第8章として加え、本書執筆後の発展についての手引きとした。また政治制度・社会規範と経済制度との関連についても、本書で展開した制度的補完性という概念が重要な役割を果たすので、比較制度分析の入門としての役割は果たしうると思う。

また本書の第6章、第7章では、九〇年代前半における日本の銀行制度や政治制度の不確実な先行き、持株会社制度の法的解禁の必要性、旧東欧圏や中国における計画経済から市場経済への移行におけるコーポレート・ガバナンスの構築など、比較制度分析の手法の政策的応用が試みられている。日本が銀行危機に襲われ、あるいは二大政党の対立が本格化する以前、また旧計画経済が市場経済への移行を始めたばかり、という時期である。したがって、政策課題やその提言に時代の制約があるのは当然であるが、その後の事態の展開に照らして、比較制度分析の現状・政策への応用にはどれだけの切れ味があるか、読者に検証の材料を提供する意味合いはあろう。

これらの理由で、本書が、読者を比較制度分析へと誘《いざな》う役割を果たしうることを大いに期待したい。基本的な考えにかんしては、現在に至るも引き継がれているが、参考になると思われる場合、各章の終わりに、その後の理論的ないしは政策的展開にかんする短い注釈や手引きを付け加えた。本書からさらに進んで、比較制度分析におけるゲーム理論的技法や認知的基礎、経済学と政治・社会学との架橋などについて知りたいという読者は、より専門的な前掲書『比較制度分析に向けて』に読み進んでいただければ幸いである。

また、著者は二〇〇八年秋に、オックスフォード大学において『コーポレーション・ゲーム・社会』というタイトルで、伝統あるクレアレンドン講義を行う機会を得たが、この内容も近いうちに書物として刊行する予定である。制度の多様性として、本書では日・米・移行経済などのあいだの差異に焦点を当てているが、同講義では、市場のグローバル化や情報革命の発展の結果として、会社の組織アーキテクチャー(情報システム)のある程度類似した多様化、分岐化の傾向が各国の内部で歴史経路依存的に現れつつあることを分析している。しかし、そのコーポレート・ガバナンスに対する含みは、本書でも強調しているように、アメリカ流の株主支配型に一様に収束するということではない(またするべきでもない)と論じた。それは、本書でも批判の対象としたところの、ここ二〇年ほど正統派経済学において支配的であった考えとは同一ではない。しかし、二〇〇八年にアメリカで端を発した世界的な金融危機の状況は、比較制度分析の一貫した立場が真剣な考慮に値するということを示唆していると考えたい。

二〇〇八年一一月四日　バラク・オバマ氏大統領選出の日に

スタンフォードにて　　著　者

原本はしがき

　スタンフォード大学の経済学部大学院博士課程には、学生たちがＣＩＡと略称している博士論文テーマの選択分野《フィールド》がある。といっても、アメリカの世界戦略のための情報・諜報活動の訓練を行っているのではなく、「比較制度分析（Comparative Institutional Analysis）」という、経済学の新しいアプローチを目指しているのである。この分野は一九九〇年の秋に、ポール・ミルグロム、アブナー・グライフ、インイー・チェン、ジョン・リトバック等という同僚と始めたもので、その生まれた時代の背景や当初の我々の意気込みについては、すでに随筆集『スタンフォードと京都のあいだで』（筑摩書房、一九九一年刊）に書いた。その後、ＣＩＡ分野は順調に成長しつつあり、数年前から何人かの博士号取得者を世の中に送り始めた。ＣＩＡが目指していることは、簡単にいえば、次のようなことにある。経済主体の合理性の限界、人々のあいだでの情報の分配の非対称性、市場の不完備性などのゆえに、時空を超えて普遍的な規範的価値を持った経済システムなどというものは本来ありえない。日米経済関係のあり方や、社会主義から市場経済への移行のための制度改革に、観念上の産物であるワルラスの一般市場均衡モデルの含意を機械的に適用しようとしても、実りは少ないであろう。むしろ、経済システムの多元的な存在を素直に認め、それらの源泉と進化（時間的展開）、比較優位と劣位、多様性からの経済利益の可能性などを分析の対象とするべきであろう。その際、市場制度の分析だけでは不十分で、複雑に絡みあったさまざまな経済制度の相互依存性の分析が必要となる。そうした分析のツールとしては、近年における情報の経済学、ゲームや契約の理論などの著しい発展をつうじて蓄積され、世界の経済学者のあいだで共有されるにいたった分析言語がおおいに助けとなるであろう。一言でいえば、ＣＩＡは「多元的経済の普遍的分析」を目指しているのである。

私は、ＣＩＡの形成以来、いつか『比較制度分析序説』というようなタイトルの入門書を書いてみたいという望みを抱いてきた。しかし、こと志に反して、そうした目標と学問上の進歩との間のギャップは一向に縮まらず、また他方では世界銀行経済開発研究所の委嘱による比較制度分析上の国際研究プログラムの組織に、三つもかかわってきたために、じっくりと自分の著作に没頭する暇もなく、四年の月日が経ってしまった。それらのプロジェクトとは、

○『日本のメイン・バンク・システム――開発経済と移行経済への関連性』（ヒュー・パトリック・コロンビア大学教授との共同主査）
○『移行経済におけるコーポレート・ガバナンス――インサイダー・コントロールと銀行の役割』（世界銀行経済開発研究所・金瀅基《キムヒュンキー》博士との共同主査）
○『アジアの経済発展における政府の役割――比較制度分析』（奥野正寛東京大学教授との共同主査）

である。だが、これらの研究プロジェクトをつうじて、何十人にも及ぶ、文字どおり世界中からの研究者と交流する機会が与えられることになり、比較制度分析についての実践的な訓練を受けることができた。

かくするうちに、一九九四年秋、東京大学経済学部において奥野正寛教授と共同で『日本経済の比較制度分析』という講義を行うため、三ヵ月余りのまとまった時間を日本で過ごすことになった。そして、東洋経済新報社から創立一〇〇周年記念図書の出版のお誘いをうけたこともあって、ここ数年のあいだに考えたり、右記のプロジェクトで学んだり、英文学術誌に発表したりしてきたことを、一般読者向けに日本語でまとめてみることにした。そうしてできあがったのが、本書である。未だ『序説』の『序説』にも満たないが、CIAの現状に関するとりあえずの中間報告ということで、御寛恕をお願いしたいと思う。

本書を書いているあいだ、日本では「規制緩和論」が花盛りであった。私は、政治談議に関してはまったくの素人であるが、多様な経済システムの生成を積極的に評価するという本書に一貫した立場から、日本経済の制度改革に関しても、つたない私見を末尾に述べてみた。「日本の制度体系は、キャッチ・アップ段階においては有効であったが、いまや先進国型に脱皮しなければならない」という発展段階論、「日本の制度体系は、国際的規準に照らして異質であり、世界の中で孤立しないためには普通の国にならなければならない」という（潜在的な）欧米普遍論、あるいは「日本の制度体系はそれなりの纏まりを持ったものであり、開国を迫る外国の圧力は迷惑である」、「輸出企業はあまり外国を刺激しないように大人しく振舞ってほしい」という疑似鎖国論のいずれとも、やや異なった見方をあえて提起してみた。

本書をできるだけ多くの読者に読んでいただくため、数式の展開や厳密な文献の参照などは控えた。しかし、理論的な主張にはそれなりの裏付けがある（各章の土台になっている論文は、末尾に記した）。より専門的な分析の大要や、文献の案内については、奥野正寛教授との共編著『経済システムの比較制度分析』（一九九六年、東大出版会より刊行）を参照していただければ幸いである。

一九九五年二月一五日　スタンフォードにて

著　者

本書は、日本語としては全体をとおしてまったくの書き下ろしであるが、各章は次のような既発表または未発表の専門論文を土台にしている。

第2章 "An evolutive diversity of organizational types and its implication for the reform in transitional economies", to appear in *the Journal of the Japanese and International Economies*, 9(December 1995).

第3章 "Comparative advantage of organizational conventions and the gains from diversity: evolutionary game approach," mimeographed, 1993.

第4章 "Contingent governance of teams: analysis of institutional complementarity," *International Economic Review*, 35(August 1994), pp.657-76.

第5章 "Monitoring characteristics of the main bank system: an analytical and developmental view," in M. Aoki and H. Patrick (eds.), *The Japanese Main Bank*

System: its Relevance to Developing and Transforming Economies, Oxford University Press, 1994, pp.109-41.

第6章 “Controlling the insider control,” in M. Aoki and H. Kim (eds.), *Corporate Governance in Transitional Economies: Insider Control and the Role of Banks,* EDI Developmental Studies, the World Bank, 1995.

第7章前半 “Comparative advantage of organizational conventions and the gains from diversity: evolutionary game approach,” mimeographed, 1993.

目次

比較制度分析序説

目次

学術文庫版へのまえがき……3
原本はしがき……7
第1章　比較制度分析とは何か……21
多様性の時代の経済学
新古典派経済学による普遍モデルの追求
アングロ・アメリカン・システムは普遍的モデルたりうるか
制度多様性の認識と分析言語の普遍性
合理性の限界と組織型の多型性
進化ゲームと複数安定均衡の生成
制度化と制度的補完性

規制の制度的補完性
市場移行経済との関連性
多様性の経済利益はいかに実現されうるか

第2章　組織の多型性と比較情報効率性……61
生産関数ははたして技術的与件か
企業内情報システムの多型性
組織型の比較情報効率性
組織型の進化と産業の国際的比較優位の変遷

第3章　進化ゲームと均衡の多成性……99
戦略としての機能的・文脈的技能形成
非最適複数均衡の生成——J均衡とA均衡
歴史、将来予想、戦略のゆらぎ
補完的戦略のルール化としての制度

第4章　コーポレート・ガバナンスをめぐる制度補完性 …… 127
会社コントロール市場の一般的後退
日本企業ははたして従業員管理企業か
チーム生産と「状態依存的ガバナンス」
状態依存的ガバナンスとメインバンク
企業の資本蓄積と内外相対交渉力の諸位相
第5章　メインバンク制と政府規制 …… 155
企業モニタリングの三段階
統合的モニタリングの専属的委任
メインバンク均衡の可能性
メインバンク・レント形成の規制枠組み
市場化環境における銀行のモニタリング能力の低下
開発経済に対する含意

第6章　移行経済のコーポレート・ガバナンス……190
移行経済の比較制度分析
インサイダー・コントロールの出現
なぜ投資基金のモニタリング能力は不十分か
旧国営銀行のソフト・バジェッティング傾向
インサイダー・コントロールをいかにコントロールするか
銀行制度の改革
第7章　多様性の利益と日本経済の制度改革……233
日米中の比較優位性と相互補完性の構造
多様性の利益は自由貿易を通じて実現されうるか
「仕切られた多元主義」のジレンマ
仕切られた多元主義から開かれた多元主義へ
多様性のガバナンス——純粋持株会社制の解禁

第8章　制度とは何か、どう変わるか、そして日本は？…………267
制度とは何か
なぜ制度は頑健で、多様なのか――制度的補完性
制度はどう変わる
キー・ワード（1）――「仕切られた多元主義」
キー・ワード（2）――モジュール化
「業際間」問題の解決――産学連携の事例
政治的リーダーシップと選挙民の選択

比較制度分析序説

経済システムの進化と多元性

第1章　比較制度分析とは何か

多様性の時代の経済学

経済システムには理想的な、普遍的なモデルが一元的に存在しうるのだろうか。あるいは、他に比べて絶対的に優れたシステムなどというものは本来存在しないのであって、地球規模で多様なシステムの共存・競争することが、より大きな経済利益の源泉となりうるのだろうか。もしそうした「多様性の経済利益（the gains from diversity）」とでもいうべきものが、論理的に可能であるとすれば、それぞれの国は、それに貢献し、それを活用する経済システムを実際に生成する能力を有しているのだろうか。多様性の経済利益を実現しうる、さまざまな国民経済間の関係はどうあるべきなのか。

各国経済はますます地球的規模で統合化の度合いを強めつつあるが、そうした経済の世の中で起こりつつあるさまざまな現象を理解し、政策を真剣に考えようとすると、結局はこうした基本的な問題に逢着《ほうちゃく》する。本書は、新しく発展しつつある「比較制度分析」の考え方と手法にもとづいて、これらの問題に、従来の新古典派経済学とは違ったアプローチを試みる。

「比較制度分析」は、「多様性」の経済利益の源泉とその存立条件を、経済学の中で蓄積され、広く世界の経済学者によって共有されている「普遍的」な分析言語によって、論理的に探ることを目的としている。そうした意味で、多元主義的な経済学を目指しているのである。

新古典派経済学による普遍モデルの追求

周知のごとく、新古典派経済学は、ワルラス的な完全競争モデルを、最も効率的な経済システムとして理想化してきた。さまざまな企業や消費者の間に経済的に有用な情報は分散していても、それは、決して最適な経済コーディネーションを達成する妨げとはならない。いや逆に、もし市場が完備し、価格が需要と供給の差に応じて匿名的に調節されさえするならば、各主体の間の競争的な行動が、最適な経済コーディネーションを自動的に達成するであろうと見る。そうした完全競争的なシステムは、情報を集中して、最適生産の仕組みを計算する中央集権的な計画経済と比べて、はなはだしく情報効率的であると考えられた。なぜならば、最適な資源配分を達成するコーディネーションに、必要にして十分な情報が、価格ベクトルに集約されて、システム全体に伝播《でんぱ》されうるからである（理論上、財の数より少ない次元数を持った情報の交換で、資源配分の最適性を達成することは一般に不可能であることが証明されている）。

一九五〇年代から六〇年代にかけて興隆した数理経済学は、市場の均衡としてはたった一つ、資源配分の最適性を満たすワルラス均衡のみが存在しうる条件（唯一性の条件）を一生懸命に模索した。また、それに対応してアブラム・バーグソンによって代表された「比較経済」論の研究者たちも、社会主義中央集権的な計画下の資源配分が、どの程度に、規準としてのワルラス均衡から乖離《かいり》しているかを推定する作業に没頭していた。その当時の研究者の熱情の背後には、理想的な経済システムは、個人的自由と両立的な、ワルラス均衡によってのみ実現されうるという信念があった。

実際には、独占的企業の存在や、さまざまな市場の失敗、すなわち完備した市場があらゆる財に対して生成してくるという条件の不成立が、市場均衡における資源配分上の歪みをもたらすことは認識されていた。しかし、そうした歪みは、完全競争を強制し、税や補助金の仕組みを通じて市場の欠落を補う善意の政府の存在によって、匡《きよう》正《せい》されうるであろうと期待された。そうした自由競争に対する信仰と、それを保証する全能の政府の存在期待のあいだには、明らかに矛盾がある。しかしこの矛盾も、やがて次のようにして解かれた。国家はあらゆる経済財（環境を含めて）に対して、明確な所有権の設定を保証しさえすればよい。そうすれば、必要な市場、すなわち交渉の場が、経済主体の動機にもとづいて、自ずと生成してくるであろう。こういう自由主義的《リバタリアン》な考えがしだいに力を得、政府の介入に信をおく論者を圧倒するようになった。現実世界における社会主義計画経済の自壊ともあいまって、完全自由競争の理論は、普遍的システムの規準を提起することにおいて、揺るぎない礎《いしずえ》を築いたように見えた。あたかも見えない唯一神の存在に辿りついたがごとくである。

アングロ・アメリカン・システムは普遍的モデルたりうるか

ワルラス均衡のモデルを現実に一番近似しているのは、アメリカの経済、すなわち本書でこれから「アングロ・アメリカン・システム」とよぶ経済であろう。政府の規制は、新規参入に対して寛容であるし、また寡占的な結託に対しては、比較的よく目を光らしている。人的資源はかなりの程度に市場流動的であり、また会社コントロール（支配権）の市場、すなわちテーク・オーバーの制度のよく発達しているのは、このシステムにおいてだけである。この完全競争モデルの近似性ということが、アングロ・アメリカン・システムに、ある種の存在合理性と正当性を主張しうる根拠を賦与したように思われる。

　たとえば、中欧（ポーランド、チェコ、ハンガリーなど）や旧ソ連が、市場経済に移行しようとしたさいに、モデルとしてまず模倣しようとしたのは、その実際の帰結はまずおくとして、アングロ・アメリカンのシステムであった。だが、後に詳しく述べるように（第６章）、アングロ・アメリカン・システムに範を取った中欧やロシアにおける国有企業の私有化案の実行は、外部株主支配のコーポレート・ガバナンス（会社統治）の構造を生み出すどころか、旧国有企業の経営者と労働者による多数株式の取得、いわゆるインサイダー・コントロール（内部者支配）の現象を広範に生み出した。共産主義支配の末期に、すでに国有企業経営者がひじょうに大きな経営権を掌握し、また企業が労働者に対して生活共同体的な福祉便益を提供していたことが、市場移行経済の歴史的初期条件を形成し、それが企業の私有化プロセスの結果を決定的に条件づけたからである。

　しかし、歴史的初期条件は、一般に経済制度の生成過程を条件づける一要因ではありえても、その後の展開をすべて決定づけるほどのものではないはずである。では、なぜ中欧やロシアにおいて、改革当局者の意に反し、企業のインサイダー・コントロールの傾向が決定的になったのか。それは、木に竹を接《つ》ぐように、歴史的条件の違うアングロ・アメリカン・システムをそのままに移植しようとした、本来の無理から生じたのではなかったか。結果として、共産主義の遺産に強く支配されることになったのではないのか。裏を返していえば、アングロ・アメリカン・システムは、特定のメリットを持つとはいえ、それが無理なく生成していくには、一定の歴史的初期条件の存在することを必要とするのであろう。

完全自由競争のモデルが暗黙の前提になっていると思われるもう一つの例を挙げよう。日本の政策当局者は、「日本異質論」にもとづくジャパン・バッシングをかわすために、できるだけ日本のシステムの特殊合理性を言挙げしないというスタンスを取ってきた。たしかに、これまでの慣習もあって、自動車メーカーの部品調達には閉鎖的な面が多少あるかもしれないが、そこはメーカーに多少泣いてもらい、部品輸入を拡大するよう努力しよう、と。しかし、彼らが、京都大学の浅沼萬里や東京大学の藤本隆宏などによって経済学的に解明されたような、日本の自動車産業における継続的な供給関係の経済合理性を、当初どれほど理解していたか、疑わしい。それは、一見ワルラス・モデルの規準からは離れているようである。しかし、すでに周知のように、フォードやクライスラーは、「日本的」部品供給システムの効率性を正しく理解し、それを彼らなりに取り込むことによって、生産性を目覚ましく向上させてきた。

しかし、そうした現場にいるメーカーの認識とは異なり、アメリカの通商交渉当事者は、日本の完成品メーカーと部品供給メーカーとのあいだの継続的な契約関係、そしてそれは時間をかけての参入と交渉力強化の競争をかならずしも排除するものではないのだが、それをあたかも道義に反したごとくに攻撃する。アングロ・アメリカン・システムに働く論理しか理解しえない法律家の論難に対して、タテマエとして、できるだけ日本の特殊性を強調しないという日本の交渉当事者のスタンスは、交渉過程における理論的立場を自ら弱めたことにはならなかっただろうか。

一方、バブル破裂までは「アメリカに学ぶものは、もはやなし」と豪語していた論壇やマスメディアは、今や世を挙げての規制緩和の大論陣をはっている。また彼らによれば、終身雇用制も、年功序列制も、メインバンク制度も、これまで日本経済の強みを支えてきたと見なされるこれらの諸制度は、今や崩壊に向かいつつあるという。これらの制度体系は経済のキャッチアップの段階にはたしかに有効であったかもしれない。しかし、日本経済は、一方では中国を含んだアジア経済の激しい追い上げをうけ、製造基地としての競争力を失いつつある。他方ではＩＴやコミュニケーションに代表されるような新技術の開発で、アメリカに大きく水を開けられつつある。このような挟撃にあって、日本のシステムは、より自由な競争を許容し、開発の創造性と企業家的能力の発揮をはぐくむようなものに自己改革をとげなければ、その活力は失われるであろう、と。

だが、規制緩和と日本的慣行の終焉の後にくるシステムはどのようなものであるのか。これらの論者によれば、その構図はかならずしも明らかでない。おそらくアングロ・アメリカン・システムのいくつかの特徴（全面的とはいわないまでも）が、暗黙の手本になっているのであろう。しかし、日本経済が一つの大きな踊り場に立ち至ったことに疑いはないとしても、はたしてそれはアングロ・アメリカンのモデルの積極面をいくつか取り込みさえすれば、世界経済に対し得難い経済利益を提供し、そこに比較優位を確立しうるようなシステムに、自己改革をなしとげられるのであろうか。

アングロ・アメリカン・システムは、新規参入に対して寛大であるといっても、まったく規制を欠いたシステムでないことはいうまでもない。それはそれなりに固有の規制の体系のもとで生成してきたシステムである。たとえば、商業銀行に証券業務や株式保有を禁じたグラス＝スティーガル法や、労働者が多数決で選択した組合以外との交渉を雇用者に禁じた労働関係法などは、アメリカのシステムに独特の規制体系を構成しているのである。

一般に、規制の体系は、システムの他の要素とそれなりの内部整合性を持つときに、システムの働きを助ける（このことを、本書では後に「制度の補完性」として概念化する）。したがって、ある一定のシステムを支えている規制の体系が、他のシステムを支えている規制の体系に近寄っていけるのか、あるいは、それらが互いに整合的な新しい体系に融合しうるのか、かならずしも自明の事柄には属さないのである。日米間の通商包括協議が得てしてほとんど不毛の神学論争に時間を費やしているのは、このことを何よりも雄弁に物語っている。

こう考えてくると、日本の経済システムが、新しい国際環境に適応した自己生成をとげていくには、ただ闇雲に「規制緩和」を声高に叫ぶだけでは駄目ではないかとも案じられるのである。また、日本のシステムは、しだいにアングロ・アメリカン・システムに近づきうるのか、またそれが望ましいことであるのかも、改めて考え直されねばならないように思われる。

制度多様性の認識と分析言語の普遍性

歴史的初期条件の違いや、規制その他の制度の体系的整合性の要求のために、世界に併存するシステムの収斂《しゅうれん》、なかんずくそのワルラス・モデルへの一元的収斂はむずかしいのではないか、と示唆した。だが、そうだとしても、地球規模で多様なシステムの存在することの積極的・多元的意味はありうるのだろうか、ありうべき多様性の経済的利益は地球規模で、あるいは一国経済の枠内で、いかに活用されうるのだろうか。比較制度分析はまさにそうした問題を考えるうえでの、基本的な経済学的アプローチの構築を目指して生まれた、経済学の新分野である。

しかし、比較制度分析は、アングロ・アメリカン・モデルの唯一普遍性を疑い、経済システムの多様性の意義を積極的に認めようとしているといっても、それぞれの経済を説明する独特の論理があるとは考えない。日本では、なぜ日本の経済学が国際的に認められないのか、という一般の疑問に対して、日本の経済が特殊だからその経済学も普遍的たりえないのだ、と答える人がいる。それでは日本経済のありうべき比較優位性や歴史的教訓も、国際的な知的財産の一部とならない。さまざまな経済を分析するのには、一国の枠内でのみ通じる言語ではなく（ここで私は自然言語のことでなく、分析言語のことをいっているのであるが）、経済学の中で蓄積され、世界の経済学者によって共有されている言語をもって行うのが望ましいのである。

幸い、経済学は、一九七〇年代後半から、ゲームの理論、契約の理論、情報の理論など、ワルラスの理論とは違った視角から、経済システムを分析する分析用具を急速に発展させてきた。本書も、そうした発展を土台として書かれている。これらの理論は、単に異なった市場経済を比較分析するのに有効であるばかりでなく、歴史分析や開発経済学、共産主義経済から市場経済への移行過程にある、いわゆる移行経済(transitional economies)の直面している諸問題の分析にも普遍的に有効であることが、比較制度分析の発展過程で日々確かめられているのである。

また、多様な経済を統一的な方法で分析するということにおいて、さまざまな経済の比較は、いわば社会科学では不可能といわれる「実験」の代替という役割を果たしうるといえる。たとえば、アングロ・アメリカン・システム、あるいは日本の経済システムだけを観察して理論的命題を定立することは、もしかしたら理論的には一般化を急ぎすぎているかもしれない。それは、他の経済の経験に照らしてみると、反証されうるかもしれないのである。多様な経済の比較は、ちょうど実験のサンプルを増やしていくようなものであり、比較制度分析はそうした実験によるテストにも耐えうるような、経済システムの一般的理解を目指しているのである。

だが、完全競争モデルを唯一「普遍」的なシステムとして追求してきたワルラス経済学に対して、それはどのように異なった理論的前提から出発しているのか。それに十分答えるのは、本書の全体の展開を待つしかないが、以下にその大まかな道案内を序論的に明らかにしておこう。

合理性の限界と組織型の多型性

新古典派経済学は経済主体の完全合理性を前提としているといわれるが、それはどういう意味か。いうまでもなく新古典派経済学においても、各経済主体（家計、企業）は、それぞれに固有の情報（嗜好、資源の保有量、生産・費用関数によって要約された技術情報など）を有しているとされる。その点では、主体の情報処理能力の限界がやはり暗黙の前提になっているわけである。そして、各主体は、価格を媒体として、保有情報の交換を行いながら、その目的（効用ないしは利潤の最大化）を最大化するような合理的選択（需要と供給）を行うとされる。

比較制度分析は、経済主体は「合理的であろうとするが、その合理性には限界がある」という、ハーバート・サイモンによって概念化された「限界づけられた合理性」ないしは「限定合理性（bounded rationality）」を、より明示的に出発点としてとり上げる。まず個人の情報処理能力の限界を考えよう。個人は消費や生産の活動を行ううえで、自らの環境に関する情報を獲得しなければならない。しかし個人の情報処理能力には限界があるから、ただ万遍なく、焦点を欠いた情報を収集していたのでは非生産的で、情報収集・処理の仕方と範囲に関して一定の方向性を持った技能に投資する必要がある。

そうした個人が寄り集まって、企業組織が形成される。各個人が企業活動に関連して収集する情報は、組織内で交換され、集団的に使用される。そうした組織的仕組みをコーディネーションとよぼう。ところで、そうしたコーディネーションの仕組みのなかに、どのような環境条件においても絶対的に優れた唯一無二の最適組織というものはありえない。限界合理的な個人がいくら束になってかかっても、完全集団合理性は達成されるべくもないからである。しかし、個人の情報処理能力の方向性の選択や、組織のコーディネーションの仕組みの違いによって、変化する環境下で、企業組織がその目的追求のために全体として活用しうる情報には差が生じ、ひいては企業の生産性や競争力に差が生じる。このアプローチでは、新古典派経済学によってはモデルの与件とされた費用関数が、いわば内生化される（それ自体説明されるべき変数となる）わけである。

この序章に続く第2章では、企業組織に参加する個人の情報処理能力にある種の限定をおくと、企業組織のコーディネーションには五つの基本型がありうることを示す。それらは、古典的・機能分権的・水平的ヒエラルキーと情報同化型、情報異化型である。伝統的に経済学者は企業組織を、新古典派経済学のようにブラック・ボッククスと見なすか、あるいは、ロナルド・コース、オリバー・ウィリアムソンらの取引費用経済学者のように、(古典的ないしは機能的)ヒエラルキーと同一視してきたが、現実の企業組織はこうした基本型が複雑に絡み合って成り立っているのである。そして重要なことは、これらのタイプのどれが最も(情報)効率的であるかは、組織環境の不確実性の種類や大きさ、組織の内部でコーディネートされねばならないさまざまな活動のあいだの技術的・確率的関連性、社会に存在する個人の情報処理能力(技能)のタイプと水準の分布などに依存するのである。第2章はそうした比較組織の効率性を決定する諸条件を明確にすることを目的とする。そして、その結果は、日本企業とアメリカ企業のあいだの組織型の進化の違いとその行動成果を説明するために用いられる。決定的な違いは、組織全体の活動にかかわるシステム環境の情報が、組織の成員全体によって共有され、同方向に用いられるか、あるいは異化して用いられるか、という点にある。その含みは、日米企業のハイ・エンジニアリング、情報産業、成熟産業(石油化学産業)における比較優位(劣位)性を説明するために、応用される。

進化ゲームと複数安定均衡の生成

引き続いて、第3章では、限界づけられた合理性の一要因としての、個人の最大化行動の限界を、進化ゲーム（evolutionary game）理論の枠組みを用いて取り上げる。考察するのは、なぜ違った組織型が、違った経済に支配的に生じうるのか、という問題である。さまざまなコーディネーションの基本型が、現実の企業組織では複雑に結合しているといっても、ある経済では、いずれかの基本型が支配的となっている。たとえば、日本では、情報共有型あるいはその進化型としての水平的ヒエラルキーが支配的であるし、アメリカでは従来、分権的ヒエラルキーが支配的であったのが、情報・コミュニケーション技術などの発展に伴い、本書で情報異化型組織とよぶ組織革新が目覚ましい進化を見せている。これらの組織タイプは、それぞれの産業に違った競争力を持つので、経済における支配タイプの在り方が、その経済の競争力を条件づける一つの要因となる。こういう組織要因に注目することにより、たとえばメモリー・チップでは日本が強く、ロジック・チップではアメリカが強いなどという、古典派貿易理論の比較優位論では説明のつかなかった産業内貿易の現象も、かなりの程度に説明がつくのである。

しかしここで、説明を要するのは、次のことである。仮に、ある産業ではAタイプの組織の競争力が強く、他の産業ではZタイプの組織の競争力が強いとしても、なぜそうした最適組合せがそれぞれの経済で生成してこないのか。逆に、産業のいかんを問わず、どちらかというと斉一的な組織タイプが、一国経済で生成しがちなのはなぜか。たとえば、日本における自動車産業とソフトウエア産業の企業組織の差は、アメリカにおけるそれぞれの競争相手の組織との差よりも、大きくないといえよう。しかし、日本の組織タイプは、自動車産業では競争力を持つのに対し、ソフトウエア産業、なかんずくOSやパッケージ・ソフトウエアの設計、さらにはオブジェクト指向の未来製品の構想において、アメリカに一歩も、二歩も譲るところとなっている。アメリカの自動車産業は、日本の組織慣行のあるものを学習によって取り入れたが、それは従来の分権的ヒエラルキー型を部分修正するという形である。また日本のソフトウエア産業にはアメリカの組織タイプを取り入れるのには大きな壁があるようである。なぜだろうか。

進化ゲームでは、個人の情報処理能力の限界に加え、最大化計算（実行）能力の限界を取り上げる。各経済主体は、企業組織に参加する前に（すなわち企業を興すか、雇用される以前に）、情報処理能力の形成の方向性に関して選択を行わねばならない。ひらたくいえば、教育、技能訓練などによって、一定の方向性を持った技能への投資を行わねばならない。たとえば、どのような組織においても通用するような特殊機能の技能（機能的技能）に投資するか、あるいは特定の企業組織参加後にその文脈で有用な技能（文脈的技能）に磨きをかけるという展望を持って、まず一般的な問題処理能力や組織的コミュニケーションの能力（可塑《かそ》的技能）に投資しておくか、の二つの選択がありえよう。

この場合、各経済主体の合理性には限界があって、どのような方向に技能投資を行うのが一番得と考えるかは、どういう組織形態が経済で支配的かということに依存しよう。たとえば、ある特定の技能には優れていても、情報共有型の組織の強いところでは、「出る杭は打たれる」式の扱いを受けるかもしれないし、「文脈的技能」の蓄積に期待をかけていても、機能的ヒエラルキー型組織は、相手にしてくれないかもしれない。またこうした投資選択は、時間がかかるのであり、新しいタイプの技能の供給が十分にあれば、それを組合せた組織タイプが一番効率的だとわかっていても、そうした技能の供給は一朝一夕にはなされえないかもしれない。

したがって各経済主体は、経済に存在する支配的な組織タイプや、人口の情報処理能力のタイプや水準の分布を見て、一番得になりそうな、技能投資の選択・模倣を行うとしよう。すなわち、機能的ないしは可塑的技能への投資が、ゲームの理論でいう、各経済主体の戦略（strategy）となると考えるのである。しかし最適戦略の選択には、経済主体の計算・予見能力の限界や慣習によって、一定の慣性・摩擦があるとしよう。こうした考えを、経済において最も高い利益をえている技能タイプへの投資がしだいに支配的となるという、適者生存のダーウィン型進化動学モデルに定式化して、分析することができる。性質の違う産業が二つ以上ある場合、経済主体の技能選択のゆらぎから安定的な、複数個の**進化的均衡**の存在することがわかる。この複数均衡ということが、均衡の唯一性の証明に力を注いだ新古典派経済学から比較制度分析を分かつ、一つの重要な点である。

複数均衡の中で、とくに興味をひくのは、産業ごとに最適な組織型の棲《す》み分けが生成し、それぞれに相応《ふさわ》しい技能タイプが雇用されるようなパレート均衡（P均衡とよぼう）、それに産業のいかんをとわず、機能的技能の選択が支配的戦略となる均衡（A均衡）および可塑的・文脈的技能の形成が支配的な戦略となる均衡（J均衡）である。P均衡では組織の多様性から生ずる経済利益が最大限実現されうるが、A均衡とJ均衡のあいだのランクづけは、技術的条件の違った産業が二つ以上ある場合、人口の消費嗜好に依存してしかきまらない。しかし、これらの均衡のうちどれが具体的に生成するかは、大いに歴史的初期条件に依存するのである。しかし歴史がすべてを支配するわけでもない。それについては、第3章で具体的に論じよう。しかし、ここで前もって示唆しておきたい重要な点は、P均衡はそれが多様性の経済利益を最大化する一番望ましい均衡であるにもかかわらず、一国市場経済の初期段階では自生的には生まれ難そうだということである。

制度化と制度的補完性

厳密な均衡にはないが、なんらかの技能の選択が、社会的に支配的な戦略となっているような状態を取り上げよう。この時、限界合理性を持った経済主体は、自分もそれと同じ戦略を選択することが一般に得と考えるであろう。企業に参加した際に戦略のミス・マッチングが生ずると、組織のコーディネーションの効率性は失われ、結局は、当該主体にそのコストがかかってくる確率が高くなるからである。こうした状態を、ゲームの理論では「戦略的補完性」があるという。

しかし、こうした状態においても、支配的な戦略とは違った戦略にコミットした「異種」や、短期的利益から離れて実験をしてみたいという「革新者」がいろいろと闖入《ちんにゅう》してくるであろう。進化ゲームの理論では、後に扱うように、こうした闖入者が絶えず小さい確率で起きてくる場合の含意が面白いのであるが、現実世界では、戦略のマッチングをより低い計算・取引費用で実現するために、互いに補完性を持った戦略を「ルール」として強制するメカニズムが発展してこよう。

そうしたルールは、暗黙のうちに守られる慣習や道徳的規制という形態を取ることもあれば、あるいは法律的な強制力を持った明示的な制度という形態を取ることもあろう。つまり制度の生成を、進化ゲームにおける補完的戦略のルール化と見るわけである。複数均衡の存在に伴って、複数の制度体系の生成がありえよう。もちろん、環境は変わり、また人口の情報処理能力の分布も変わるから、一定の制度体系は、それが生成してきた経済においてさえ、時間が経つに従い、さまざまな不全機能を生み出すであろう。またそれが、最適な体系であるという保証もまったくない。われわれは、まだ現実にP均衡を支えうる制度体系はどんなものか、定かに知っているとはいえないのである。

しかし、生成の動因となった戦略の補完性に対応して、制度体系の各要素はお互いにお互いの働きを強め合うという、本書で**制度的補完性**とよぶ特徴を具有することになろう。それだけに、制度体系は、いったん生成すると、環境変化に対して一定の頑健性を持つことになる。世界経済が商品の貿易という点ではその統合度を強めているにもかかわらず、その制度体系がなかなかに収斂しないのはこうした事情があるからである。

第4章は、この制度的補完性ということを、日本のコーポレート・ガバナンス、それをとりまく金融制度、雇用制度の相互関連性を例にとって説明する。コーポレート・ガバナンスとは、企業のステークホルダー（利害関係者）のあいだの権利と責任の構造である。アングロ・アメリカン・システムでは、従業員は労働市場を通じて雇用・解雇されうる外部者で、雇用者と従業員のあいだの関係は雇用契約によって規定されうるとする。もし、従業員に対する報酬が、外部労働市場において定まるものとすれば、そうした契約的支払いの後の剰余（residual）の期待値を最大化することが、企業価値の最大化と同一義となろう。ところで、そうした剰余の請求権者は法律上株主であるから、アングロ・アメリカン・システムにおけるコーポレート・ガバナンスの問題は、結局株主が株価最大化を実現するために、いかに経営者をコントロールするかという問題に帰着する。

おそらく賢明な読者はすでに推察されたように、情報共有型組織タイプ（その進化型としての水平的ヒエラルキー）といい、J均衡といったとき、日本のシステムの様式化された特徴が念頭にある。そうした経済の組織で必要とされる技能は、組織の文脈で有用な「文脈的技能」であるから、市場流動的な機能的技能とは違って、その経済価値の評価は、外部市場のよくなしえないところである。すなわちそれは、内部の交渉によってしか定めえないものなのである。さらに、情報共有型組織では、さまざまなチーム的相互作用が企業内部にあって、個々人の組織に対する貢献も明確に特定化できないことすらありえよう。

こうした場合、チームの生産物は、その成員のあいだで前もって定められたシェアにもとづき分配されればよいのであろうか。経済学は、そのような分配方式は、各自が他人の努力にただ乗り《フリーライド》しようという、強いインセンティブを生み出すと警告する。なぜならば、経済学的に「チーム」とは各個人の努力を外部から明確に測定するのには限界があるような組織をいうからである。本書は、日本企業にただ乗り《フリーライディング》現象を顕著に観察しないということは、そうしたモラル・ハザード（「行動の外部観察の困難にもとづく規律欠如」）が存在しないということではなく、それを有効にコントロールする制度的装置が比較的うまく働いているからだと考える。

そうした制度装置が、私が「状態依存的ガバナンス（contingent governance）」と形容する日本型コーポレート・ガバナンスであり、それを制度的に補完するのが、銀行を中心とした金融制度と長期の雇用制度である。状態依存的ガバナンスとは、企業の財務状態が健全であるかぎり、企業のコントロール権は従業員の内部ヒエラルキーをへて昇進・選抜された経営者（インサイダー）に完全に委ねられているが、企業の財務状態が悪化した場合、そしてそういう場合にのみ、内部者から「特定」の外部者、すなわちメインバンクへ、コントロール権が自動的に移行する、そういうことが当事者のあいだで前もって了解されているようなガバナンス構造である。

アングロ・アメリカン型のコーポレート・ガバナンスでも、企業の財務状態が悪化すれば、最高経営者（CEO）は置き換えられるであろう。しかし経営不振がもっぱら最高経営者の個人的責任問題に帰せられ、取締役会が他の内部者を最高経営者として新たに選抜することもあれば、あるいは「不特定」の外部者がテーク・オーバー・ビッドを仕掛けることもある。また、企業の財務状態が健全であっても、外部取締役が、経営についてかなりの権限を発揮する場合（たとえば空席となった最高経営者の選択）もまれではない。

これに対して、状態依存的ガバナンスでは、内部者と外部者の間のコントロール権の移転が企業の財務状態にのみ依存し、また「誰が」企業財務の悪化した状態でコントロール権を掌握するかについても、前もって当事者の間で明確に了解されている点に特色がある。さらに、企業のコントロール権を掌握した場合、メインバンクには二つの選択肢がある。一つは、救済であり、他は清算である。その選択もまた、企業の財務状態の深刻度やその将来の回復の見通しに依存するであろう。第4章では、こうした二段階の状態依存的構造が、チーム的組織のインセンティブ問題をコントロールするうえで最適のメカニズムであることを、最近の契約理論と補完性分析（super-modularity analysis）に依拠しながら明らかにする。そして、企業の解散・清算などといった最悪事態において職を失う従業員の再雇用価値が低くなればなるほど、言い換えれば、他企業も長期雇用の慣行を有していて、従業員の外部オプションが限られていればいるほど、状態依存的ガバナンスのインセンティブ効果は高まるのである。そうした意味で、メインバンク制度と長期雇用制度は、情報共有型の組織の生産性を相互強化する、補完的な制度体系をなしているわけである。

金融市場の国際化によって、メインバンク制度の働きにも変化が及ぶのは当然であり、そのコーポレート・ガバナンスへの含意についても引き続く章で述べるが、まずこの制度的補完性の論理構造をしっかりとつかまえることが、その後の議論にも重要であることを強調しておきたい。

規制の制度的補完性

状態依存的ガバナンスにおけるメインバンクの役割は、一面から見ると、メインバンクが、企業の財務状態のモニタリング（情報収集と評価）を、他の投資家から委託されている仕組みと解釈できる。情報の経済学における一つの難問は、「誰がモニターをモニタリングするか」という問題である。今扱っている場合についていえば、メインバンクが、理論的に状態依存的ガバナンスによって割り当てられた役割を遂行するインセンティブは何か、という問題である。

メインバンクのコーポレート・ガバナンスに対する積極的関与は、企業の財務状態の悪化した場合に限られるが、このような状況においては、メインバンクも再建・清算などにかかわる費用を負担しなければならないであろう。場合によっては、メインバンクには、そのような役割を演ずるより、担保権を行使して債権を回収し、ガバナンスの舞台から身を引くほうが、はるかに面倒が少ないということもありえよう。高度成長の初期から一九七〇年代の半ばにいたるまでのメインバンク制度の良き時代に、メインバンクがそのような責任回避の行動を取ることが稀であったのは、メインバンクとしての責任を取ることにおいて、それなりの利得――メインバンク・レント――が保証されていたからである。

そのようなレントの源泉は、高度成長期の日本の場合、市中銀行の地位に対する参入を厳密に制限し、また預金利率をワルラス的均衡水準から低く、しかし実質率は正の水準を保つようにコントロールしていた銀行当局の規制にあった。そのような状態を、トーマス・ヘルマン＝ケビン・マードック＝ジョーゼフ・スティグリッツらは、インフレ率が高く、実質金利が負の水準になってしまうような「金融抑圧（financial repression）」から区別して、「金融抑制（financial restraint）」とよんだ。金融抑圧の状態では、富が貯蓄主体である家計から政府に移転するが、金融抑制の状態では、レントが銀行部門に生ずる。この差が開発経済に対して、重要な含みを持つのである。

前者の状態では、政府が裁量分配しうるレントの獲得を巡って、非生産的な、いわゆる「レント獲得行動（rent seeking behavior）」が、政府当局者にコネを持った階層や部族の間に活発化する。一九七〇年代にラテン・アメリカやアフリカにおいて広く見られた現象である。

金融抑制の場合、レントは金融仲介機関の利潤として帰属することによってその経営存立基盤を強め、また貯蓄獲得のための激しい競争を仲介機関のあいだに生み出すであろう。また、貸出金利は歩積み両建て預金などのメカニズムを通じて、借り手企業のリスクや交渉力によって定まるため、レントの一部は借り手企業にも分配される。したがって、金融抑制の状態におけるレント獲得行動は、預金獲得や借入拡大という成長志向的なバイアスを生み出すわけである。こうした金融抑制の傾向は、日本ばかりでなく、韓国など、アジア経済に広く見いだされる現象であって、現在開発経済学において新たにその含みへの関心が高まっている。

こうしたレントの可能性が、銀行をしてメインバンクとしての地位の獲得とその責任の遂行のインセンティブとなったことはいうまでもないが、はたしてそのような政府によるレントの創造なしには、状態依存的なコーポレート・ガバナンスは不可能だったのだろうか。最近の情報の経済学の成果に照らしていうと、この問いに対する回答は、かならずしもそうとはいえない。しかし、参入に対する政府規制がなければ、違った均衡、たとえば銀行は積極的にコーポレート・ガバナンスに関与しない均衡、もありえたということである。ここに、政府の規制をも含めた制度的補完性の可能性が示唆されるわけである。またそのことは、次のことをも示唆しよう。金融市場の国際化によって政府の金融規制がしだいにその整合性を失うに従い、メインバンク制度のコーポレート・ガバナンスにおける有効性は試練にさらされており、それがまたさまざまな制度的補完関係を通じて、日本のシステム全体に整合的な改革を迫っているということである。

市場移行経済との関連性

状態依存的コーポレート・ガバナンスにおけるメインバンクの役割は、企業の財務状態に応じた事後的なコントロールの行使であり、それは事後的（ex post）なモニタリングとよぶことができる。それに対して、投資プロジェクトのファイナンスにおける事前の審査を事前（ex ante）のモニタリング、また融資の行われた後の経営状態の不断の監視を中間（interim）モニタリングとよぼう。いうまでもなく、メインバンクはこの両方においても、重要な役割を果たしてきた。一般に、融資はメインバンクが単独に行うことはなく、平均して融資のシェアは二〇％程度であった。しかし、メインバンクは、事実上の協調融資のリード・バンクとでもいうべき責任を果たしてきた。他の金融機関は普通、メインバンクの融資審査における判断を受け入れるからである。またメインバンク制度の全盛時代には、メインバンクは、取引企業の決済口座の運営において枢要な役割を果たしたので、中間モニタリングに必要な情報入手においても有利な立場にあった。状態依存的コーポレート・ガバナンスにおいて、メインバンクは、取引企業の財務状態が悪化したときの介入に、事前にコミットする。事後的な介入は、メインバンクにとってもコストのかかるものとなりうるリスクがあるから、あらかじめ取引企業の財務状態が悪くならないように、メインバンクは、事前・中間のモニタリングを責任を持って行うインセンティブを与えられるわけである。

この、事前・中間・事後のモニタリングが統合してメインバンクという一仲介機関に事実上委託されていたことが、他の金融制度からメインバンク制度を分かつ重要な特徴である。アングロ・アメリカンのシステムでは、事前・中間・事後のモニタリングは、機能ごとに特殊化した仲介機関やその他の機関によって遂行される。たとえば、事前のモニタリングは、投資銀行、商業銀行、ベンチャー・キャピタルなど、中間モニタリングはアナリスト、市場裁定者、基金投資マネジャーなど、事後的モニタリングは会計監査事務所、テーク・オーバー・ビッダー、再建専門機関、破産裁判所などである。

メインバンク制度の下における統合的なモニタリングは、とくに高度成長期のような、技術のキャッチアップ段階においてはきわめて有効であったと考えられる。なぜならば、新しい投資プロジェクトの評価には、新技術のエンジニアリング的な評価より、借り手企業が輸入された技術を消化し、改善しうるような、経営・組織能力を有しているかどうかの判断が最も重要であった。したがって、長期の取引関係（中間モニタリング）を通じて企業に特有の情報を蓄積してきたメインバンクが、事前のモニタリングに必要な資格を最も備えていたといいうるからである。

また、アングロ・アメリカン・システムのような機能分散的な制度がうまく働くためには、さまざまな特殊モニタリング機能を専門的に遂行しうる人的その他の資源が十分に蓄積されていることが必要である。戦後の日本には、戦中の金融国家統制によって、そのような資源の蓄積は行われていなかった。したがって稀少なモニタリング資源を銀行に集中し、それに統合的モニタリングを委託するというメカニズムが、より有効であったのであろう。しかし、そうした歴史的評価は、現在中央集権的な計画経済から市場経済に移行しようとしている経済のコーポレート・ガバナンスや金融制度の改革にも有用な示唆を与えるかもしれない。

すでに示唆したように、企業私有化の過程を通じて外部株主を育成し、アングロ・アメリカン的なコーポレート・ガバナンスを移植しようとした中央ヨーロッパとロシアの移行経済における試みは、蹉跌《さてつ》したかに見える。それは、市場を通じる機能的モニタリングを一挙に導入しようとしても、経営者の権限拡大、企業の福祉機関化、外部モニタリング資源の稀少性などといった共産主義の遺産とかならずしも両立的でなかったからである。第6章では、移行経済における経営者と従業員の連合による「内部者コントロール」という現象の負の側面をいかにコントロールするか、という問題を取り上げる。この問題は、メインバンク制度の機械的応用によって解かれうるわけはなく、その対応は移行経済の進化的な特徴と整合的なものでなければならない。しかし、企業の財務状態の悪化に応じて、コントロール権を自動的に外部者に移転させるという、状態依存的コーポレート・ガバナンスの論理は、まさに内部者コントロールの問題を考えるうえで有用な参照枠を与えてくれるのである。

さらに、これと関連して、移行経済期における企業のモニタリングを銀行に積極的に担わせるうえでの、もう一つのメリットが存在する。それは、銀行モニタリングが、さまざまな企業の所有形態と両立的であることである。アングロ・アメリカン的なモニタリングとガバナンスの制度では、企業の所有権が原則的に市場化され、企業価値が市場評価されうることを前提としている。しかし、中国のような、市場移行に漸進的なアプローチを取る経済では、移行期にさまざまな所有形態が生まれる。完全国有企業、部分国有企業、郷鎮《きょうちん》企業（市町村所有）、上場株式企業、ジョイント・ベンチャー、起業家企業、労働者管理企業などである。また、法人化された国有企業の所有権が誰によって行使されるべきか、にわかには明らかではないし、また情報効率的な証券市場の発達も不完全であろう。

しかし、いかなる所有形態の企業であろうとも、資本化が十分でなければ、その経営は銀行融資に依存しなければならないであろう。したがって、多様な所有形態の共存の下でも、企業の財務状態の悪化が、自動的に債権者としての銀行の介入を招来するようなメカニズムを構想することは非現実的とはいえない。そういう過程を通じて、競争に強いコーポレート・ガバナンスの形態が進化的に選択されていくならば、移行は漸進的に進みうる。しかし、既存の銀行制度が、そのような選択を担うに、十分な能力とインセンティブを持っているとはいい難い。かくして移行経済における企業のコーポレート・ガバナンスの問題は、銀行改革と連動して解かれねばならないこととなる。

市場移行経済の問題は、二〇世紀に残された最後の重要な経済体制問題の一つであるだけに、移行経済学（transitional economics）という分野が新しく登場しつつあるといわれ、多くの理論経済学者がその分野に参入しつつある。比較制度分析の手法は、この分野でも多くの貢献をなしうる可能性を有している。すでに示唆したように、分析的な手法に支えられたさまざまな経済の比較は、一つの経済の観察から未成熟な一般的結論を性急に引き出すことを抑制する。また逆に違った歴史的条件下にある一見違った経済制度の働きのあいだにある規則性を認識することを通じて、一つの経済の排他的な分析では得られない洞察をも可能にしよう。そういう点で、比較制度分析は、社会科学では不可能な実験の代替たる役割を担うといえよう。

多様性の経済利益はいかに実現されうるか

産業の特性に応じて違った組織型の存在する状態に、最大の経済利益が生み出されうる潜在性のあることを示唆した。しかし、適者生存の進化的圧力のゆえに、まず各国経済の内部では組織型の斉一化が現象し、組織の多様性は、各国間の組織型の違いとなって現れる。やがては、各国間の学習や実験、組織の相互侵入などによって多様性はしだいに一国経済の内部にも生じてくるかもしれないが、それが最適な多様性に近づいていくのか、否か、にわかには定かではない。各国において、支配的な経済戦略がさまざまな形で制度化されており、それは各個人の適者生存競争における技能形成の選択の戦略に大きな圧力を加えるからである。

第7章では、組織の多様性の経済利益を近似しうるかもしれない、さまざまなメカニズムについて議論する。まず、自由貿易からの利益について分析する。それぞれの産業にはそれに最も適した組織型があるとすると、その組織型を支配的な組織型として発達させた経済は、その産業において絶対的な生産性優位を国際貿易において獲得するだろう。しかし、世界経済がそうした経済の存在から利益を得る度合いと分配は、その経済のサイズに決定的に依存するのである。

まず、ある産業において、小国が効率的な新たな組織型を発展しつつあるとしよう。そうした新しい組織型をニッチとして発達させた小国は、多様性からの利益を「疑似《クエサイ》レント（一種の差額地代）」として独占しうる可能性がある。というのは、小国の供給量が少量にとどまるかぎり、国際価格が、旧組織による生産をも可能にする高い水準に維持されつづけるからである。他国が、「小国」の組織的イノベーションからの利益を実質的に享受し始めるのは、「小国」の生産物が世界市場においてある程度のシェアを獲得するまでに発展した後になってからである。しかし、企業の組織型をブラック・ボックスとした新古典派的貿易理論と違って、それを内生化した（変数としてとらえた）進化ゲーム論モデルでは、自由貿易からの利益について、やや違った含みが導き出される。すなわち、組織の多様性からの経済利益は、違った組織型に特化した経済のあいだの自由貿易によっては、不十分にしか達成されえない。それを完全に実現するには、組織の多様性が各経済に内在化するようにならなければならない。

では、外国直接投資による多様化の可能性はどうか。革新的組織を生み出しつつある小国が、イノベーションの試みのごく初期の段階で外国直接投資を自由化すると、世界で支配的な組織型の侵入によって、その組織的革新は芽のうちに摘まれてしまう可能性がある。しかし、世界経済に、それぞれに比較優位性を持つ異なった組織型を内在化した、ほぼ同サイズの経済が共存するようになると、その間の経済統合（資本・労働の移動自由化という意味で）や、外国直接投資の自由化は、組織の多様性を内在化させる一つの道筋となりうるであろう。なかでも、国際企業は投資先国の資本・雇用制度の制約からある程度自由でありうるために、直接投資やジョイント・ベンチャーを通じて、組織の内在的多様化の動因となる異種侵入の担い手たりうるかもしれない。また、実験的組織の参入に対して寛容な制度体系を持っていたり、あるいは、比較優位の組織型の働きをシミュレートする情報処理・コミュニケーション技術の開発能力とインセンティブを有した経済は、おそらく組織の多様性からの利益を実現するうえで、先導的な立場に立ちうるであろう。

事実、製造業の現場における情報の利用において一時日本に一歩後れを取っていたかに見えたアメリカは、日本型組織慣習の学習と目覚ましい情報処理・コミュニケーション技術の発展によって、その分野における比較劣位をかなりの程度に克服したようである。電子通信技術の発展や部品の標準化・外生化によって、各組織単位がその個別環境を越える大量のデータ処理を行いながら、世界規模でコーディネーションのネットワークを拡大しようとしている。それは、日本企業が、組織内・グループ間のコーディネーションの精緻化によって獲得したハイ・エンジニアリング分野における比較優位を浸食している。

一方、中国は、自らの企業改革と外国直接投資やジョイント・ベンチャーの大規模な導入によって、急速な組織革新の時代に入ろうとしている。もしそれが本格的に始まれば、後れて開始した発展の利点もあって、外国において定型化された組織型を選択的に導入しうる立場にある。日本の企業は、定型化した製造の基地を、中国を始めとした開発途上国へ大規模に移転することにおいて、もはや後戻りはできないであろう。こうして、日本の組織型から生じた疑似レントの獲得可能性は急速に縮小しつつある。

一九七〇年代後半から八〇年代の終りにかけては、獲得された疑似レントは、主要な輸出企業によって専有されていたわけではなかった。それはいわゆる内外価格差を維持する参入障壁や、税・補助金制度などの再分配制度を通じて、比較劣位にある産業の担い手たちにも広く均霑《きんてん》されていた。そうしたメカニズムを、あらゆる利益集団の既得権益が等しく保護されるという意味で、「仕切られた多元主義」とよぶこともできよう。しかし、国際環境の変化による疑似レントの縮小は、そうした仕組み自体の維持を困難にし始めているのである。俗に「価格破壊」といわれる現象は、そうした状況の反映でもある。

仕切られた多元主義のもとでは、国際的な競争力を持つ企業は国家の規制からますます離れようとし、国際的に比較劣位にある産業はますます国家による保護に依存しようとする。しかしこのジレンマの解決は、日本がアングロ・アメリカン・システムを採用することによっても、輸出産業がその振る舞いを「行儀」良くすることによっても、また参入に対する仕切りを高くすることによっても、解決されえないはずである。従来、比較優位を持ってきた産業でさえ、今後もハイ・エンジニアリングにおける競争力を維持するためには、いま世界で起こりつつある組織革新と情報革新を、それ自身の流儀にしたがって学習することを迫られている。他方で、比較劣位にある分野では、内外の新規参入を自由化することによって、異種組織型の存立を確かなものとすることが長期の経済利益にかなっている。もちろん、日本に「内なる多様化」を生成することは、仕切られた多元主義のもとでは、容易なことではないであろう。しかし、そうした方向に向けての制度改革の道筋をどうつけるのか、についての公論を興すことに、今や猶予は許されないように思われる。

制度改革を考えるうえで、本書で展開する制度的補完性という概念が重要なかかわりを持ってくる。諸制度が相互に依存関係にあるからといっても、制度体系の変化は一挙に、ビッグ・バン式に行われねばならないということにはかならずしもならない。すでに移行経済との関連で述べたように、歴史的経路と無関連に、ビッグ・バン・アプローチを取ることは、かえって歴史の制約に足を掬《すく》われることになりかねない。むしろ、戦略的に重要で、政治的に実現可能な変化の糸口を見つけることが、さまざまな制度のあいだの「補完性」の構造を通じて、システムの変化を芋蔓式に誘発する契機となりうるかもしれない。

こうした観点から、とくに次のようなことが問題となろう。組織革新と多様性を内在的に許容する制度革新、なかんずく「参入規制の緩和」は、従来の日本型組織の比較優位性を失うことなしに、いかにして可能か。新しい組織型の生成は必要であるが、ダーウィン的な適者生存的圧力のもとで潜在的なものにとどまっている、新世代による機能的技能の形成とその組織化を誘発することは、いかにして可能か。私はそうした可能性の糸口の一つを、コーポレート・ガバナンスの制度的改革が握っていると考える。以下に展開される比較制度分析の成果を動員して、一つの具体的な制度改革案、持株会社制度の解禁、のもたらしうる含みを調べることが、第7章の課題である。

第8章は、「制度とは何か、どう変わりうるのか」という本質論を論じている。

経済制度を法や組織（所有権法、契約法、会社法、あるいは中央銀行、株式会社など）と同定化し、そういうルールは政治において決まるというのが、比較制度分析誕生以前の普通の考えだったともいえよう。だが、それでは「悪い」経済制度を変えるのも、「政治」の役割なのか。そうできないのは政治家が悪いのか。政治で決まる法律や規制が、場合によっては守られないで死文と化したり、あるいは立法者の意図通りに実行されないことのあるのはなぜか。さらには、国家もひとつの制度として考えるならば、その運営ルールはどのように決まるのか。経済と政治のあいだには相互関係はないのか。こうした問題を扱うには、もう一度、制度とはなにか、それはどう変わりうるか、というような基本問題を考えておく必要がある。

第8章では、制度とは、人々のあいだで共通に了解されている社会的ゲームのプレイの仕方である、と一般的に概念化し、その具体的ありようを社会的ゲームの内生的均衡として分析することにメリットがあることが論じられる。またそうすることによって、国家や社会規範という経済外制度と、経済や組織というドメインに現れる制度とのあいだに存在する相互関係を、より広域にわたる制度的補完性として理解する、有用な枠組みと手法がえられることを明らかにする。その上で、7章までに扱った九〇年代前半における日本の制度変化の可能性や問題意識が、さらに二一世紀初頭にかけてどのように展開したか、特に「仕切られた多元主義」のいっそうの衰退や、持株会社解禁が可能にした産業組織構造の革新の可能性に焦点を当てて論じる。

第2章　組織の多型性と比較情報効率性

生産関数ははたして技術的与件か

新古典派経済学では、企業は、労働・機械設備・土地などのサービス、原料、中間生産物を投入し、市場で販売可能な生産物かサービスを産出する、純粋な技術的存在と考えられている。そして、その中身は、経済学の埒外《らちがい》にあるエンジニアリングで決まると想定され、ブラック・ボックスとして扱われる。企業家は、利潤を最大にするように、このブラック・ボックスへの投入量を調整し、そこから取り出されうる産出物を市場価格で販売する。したがって、企業の投入量や産出量は、市場価格をパラメータとして完全に定まりうることとなる。すなわち、経済学に意味のある資源配分のコーディネーションは、価格を媒体として、市場においてのみ行われるということになる。

しかし、純粋に技術的な投入・産出の関係と見られる企業の活動も、実はそれにかかわる人々の情報処理活動の差異によって、さまざまに違った結果を生み出す。言い換えれば、企業内部におけるコーディネーションの違いが、さまざまな経済のあいだの生産性の格差を生み出す重要な要因となっている可能性がある。さもなければ、同一産業において、異なった企業・異なった経済のあいだに競争力の違いが出てくることはないであろう。

たとえば、石油化学産業を見よう。原油の精製過程から生ずるナフサはさらにオフガス、エチレン、プロピレン、B・B留分、C_5留分、重油などの中間素材に分解され、さらにそれからはさまざまな誘導品が可変的な組成で生産される。可能な組成は確かに技術的な関係によって定まる。これらの誘導品は、さらにさまざまな加工過程をへて、やがては、化学肥料、樹脂製品、薬品、繊維、塗料、タイヤ、フィルム、半導体素材、溶剤や洗剤にいたるまでの、さまざまな最終生産物に変換される。したがって、可変の素材原料の生産組成の選択は、最終加工品の需要に関する情報の利用の仕方におおいに依存するであろう。

しかし上流過程における生産計画の変更は、最終加工品需要に関する市場情報を収集して、最適生産組成を計算し、それを実行するというような、理想化された計画モデルに応じて行われるわけではない。何十万、何百万という種類に及ぶ最終加工品に関して、細部に及ぶ情報を収集することはあまりに情報費用が高い。しかし、単一企業が、上流の分解過程から、誘導品生産過程、加工過程を適度に統合している場合と、ある企業が上流の分解過程に特化していて、多数の独立下流企業に対し中間素材の供給関係を結んでいるような場合とでは、たとえ技術的には同じようなコンビナートを用い、またたとえ最終加工企業が同じ市場条件に直面していても、違ったコーディネーションが結果しそうである。後者の場合、供給計画の変更には多数の下流企業のあいだの交渉という要素が入ってくる。このような状況では、上流企業の供給計画が最終需要の変動に関する情報を的確に反映するには、タイム・ラグが生ずるであろう。また、各下流企業は今日の供給量の変更が明日の交渉力に及ぼす影響を考えて行動するであろう。結果として、供給計画が実際どの程度に最終需要の構成と整合的であるかという問題が生じる。

また石油コンビナートや原子力発電のプラントの稼働効率は、稼働中に何か異常な事態が生じたときの、その対処の仕方に、おおいに依存する。たとえば、現場の作業チームがどの程度、即座に対応する裁量権を与えられているか、観察された異常が他の作業単位に水平的に伝達される仕組みがビルト・インされているか、あるいは縦の指揮系統を通じてのみ処置がなされるのか、といったようなことである。このように、企業の生産性は、企業の業務や生産にたずさわる人々のあいだに流れる情報の量や質、それを用いる決定の権限や義務の組織的配置に依存することが予想されるのである。言い換えれば、企業は、エンジニアリングの体系であると同時に、情報システムとしての面も合わせ持つのである。

自動車産業の例を取ろう。自動車産業は、生産過程の流れという意味では、石油化学産業とは対照的である。精製プラントから多数の加工品生産現場が枝分かれしていくのではなく、多数の部品の生産が、最終組立てラインに向けて合流していく。しかし、この場合でも、車体のタイプや色、エンジンの馬力、トランスミッションの種類、アクセサリーのオプションなどの組合せ方により、一つのラインから何千もの違った仕様の車が生産されうる。このような場合、生産物の組成が、市場需要の前もっての予測にもとづいてのみ決定されるならば、予測の誤りは高価につく製品在庫の積上げという結果を生み出さざるをえない。

在庫増というコストを減少させるためには、ライン上の生産物組成の計画が、ディーラーのフロアーに現れる現実の消費者需要にもとづき、たえず微調整されねばならない。日本のあるメーカーは、こうした微調整がラインで実際の組立てが始まる数日前までかなりの程度で行いうるように、ディーラー網と生産現場のあいだの情報・コミュニケーション・システムを構築している。それだけではなく、こうした生産組成の微調整がスムーズに実施されるためには、何千にも及ぶ部品が、タイミングよく組立て現場に供給されるシステムが確立されていなければならない。それに応えるのが、いわゆる「カンバン」システム、あるいは「ゼロ在庫」システムとよばれる仕組みである。この仕組みの下では、必要な部品の供給が、一日に数回の頻度で、ラインの据付現場から供給メーカーに直接発注される。部品在庫量の多寡に応じ、部品発注が部品調達部の手により集中的に行われる旧アングロ・アメリカン・システムとは基本的に違った情報・コミュニケーション・システムを実現することによって、それは一九七〇年代から一九八〇年代にかけて、組立産業の生産組織にパラダイム的変化を生み出したことはよく知られている。

　最後の例として、現在アメリカで起きつつある情報技術革命が企業内コーディネーションに対して及ぼしているインパクトを取り上げよう。従来の汎用機中心のシステムに代わり、分散型のネットワークに組織の成員が結合し、またそれらのネットワーク間にも電子通信が広まると、彼らにはそれぞれの職場の環境を越えた、これまでとは比較にならないほどの、データの入手が可能となる。したがって、パソコンやオブジェクト指向のソフトウエアの生産におけるように部品の標準化・互換性が進展し、生産プロセスがモジュール化されると、組織内の完結的なコーディネーションの必要性は減退するであろう。なぜならば、最良の、標準化された部品を世界中のどこからか、即座に、電子化された通信と航空輸送によって入手することができるからである。金融・人的資源の組織内配分を別にすれば、業務のコーディネーションはネットワークのうえで行われるので、法的な会社の枠を越えた情報空間の上での「事実上の企業（virtual corporation）」といわれるような現象さえ生じてくる。情報産業におけるこのような新たなコーディネーション・パラダイムの導入は、そのインパクトを部分的には他の製造業部門にも及ぼし始めつつあるようだ。たとえば自動車産業でも、部品の共通標準化、中古自動車の取引の電子通信ネットワーク化の動きが始まりつつある。

生産されるべき生産物の特質に従い、一番効率的なコーディネーションの体制、言い換えれば情報システムが企業により随時選択されうるとするならば、そうした選択の結果を生産関数（費用関数）が表現していると考えればよい。しかし、次章に見るように、制度的理由によって、かならずしも最も効率的な情報システムが企業によって選択されるとは限らない。日本ではいまだ、自動車産業においてパラダイム変化をもたらしたような、企業内あるいは固定企業グループ間のコーディネーションの精緻化が情報システムの主流となっており、インターネットによる伸縮的な企業間情報結合は遅れている。ＩＴ産業の創成期における役割に関して、日本企業のあいだにいささか無力感が漂っているのも、こうした企業の情報システムのミス・マッチングによるところがあるのであろう。

かくして、企業の組織を単に効率的なエンジニア的知識を体現したブラック・ボックスとしてではなく、情報のシステムとして明示的に扱う必要性が出てくるのである。このことを言い換えると、現代の嗜好が多様化し、それに応える技術の複雑に発達した経済の理解には、資源配分のコーディネーションがいかに市場を通じて行われるかを分析するだけでは不十分であり、組織の中や、非価格的メディアで行われる組織のあいだのコーディネーションにも、それに劣らぬ分析の光が当てられるべきであるということになる。そうした分析のための概念枠組みを考えようというのが、次節の課題である。

企業内情報システムの多型性

一経済の効率性に、企業組織内部の諸要因が、市場による資源配分コーディネーションの在り方（たとえば寡占度など）に勝るとも劣らぬ影響を及ぼす、ということに経済学者の注意を喚起しようとした最初の経済学者の一人に、ハーベイ・ライベンスタインがある。彼は、企業内要因によって生ずる生産性格差を「X非効率」とよんだ。具体的には、その源泉として、労働者の動機の持ち方や、組織内コーディネーションの違いを想定していたが、かならずしも、それ自体を明示的な分析の対象とするまでにはいたらなかった。「X非効率」という、ややミステリアスな用語を用いたゆえんである。

本節では、組織内コーディネーションという側面を切り離して取り上げ、それがどのように企業間生産性格差の源泉となりうるか、最近のモデル分析の結果によりながら考える。そうすることは、組織のインセンティブ側面が重要ではないという意味ではない。反対に、コーディネーションの在り方とインセンティブの在り方は、分かち難く結び付いている。しかし、経済学の現状では、この二つを統合化して分析する方法論はまだよく発展していない。またインセンティブの側面は、一九七〇年代半ば以降、理論経済学者の主要な関心対象としてはるかに光の当たる場所にいたので、数多くのすぐれた仕事が生み出され、その結果は比較的よく知られている。それに対し、企業内コーディネーションは、アングロ・アメリカン系の学者がともすると、それをヒエラルキーにのみ同定化するために、その比較理論の重要性はまだよく認識されていない。しかし、組織には、厳密な意味で、ヒエラルキー的とはいえないコーディネーションも可能であり、かつより効率的な場合もあるのである。全体の論旨展開とのつながりということもあって、本節では、まず組織のコーディネーションの側面を取り上げる理由である。インセンティブの側面は、次章で、組織内コーディネーションの多系的発展の可能性との関連で、また第4章で、非ヒエラルキー的なコーディネーションの存立可能性との関連で、取り上げることにしよう。

企業のあいだの生産性格差の源泉として組織内コーディネーション、または同じことではあるが、企業の情報システムの多型性をモデル化したものに、一九八六年の『アメリカン・エコノミック・レビュー』に発表された「企業の水平的対垂直的構造」（青木昌彦）がある。その後、伊藤秀史、ジャック・クレマー、ロイ・ラドナー＝ティモシー・ヴァンザント、フィリップ・ボルトン＝マチアス・デワトリポンなどが、企業の情報システムの比較モデルを発展させた。これらのモデルでは、企業の費用は、エンジニアリング的知識によって表現された費用関数によって完全に特定化されるのではなく、企業の情報システムのいかんに依存した内生変数として扱われるのである。ここでは、青木、クレマーのモデルを統合化して得られる比較モデルを、数式を避けて、叙述的に呈示しよう。

まず企業組織は、第1図（71ページ）に図示したような構造を持っているとしよう。すなわち、それはマネジメントと複数個の実行単位とからなる。こうした構造の選択自体は、市場の状況や利用可能な技術に関する判断・評価にもとづいた企業家（あるいは企業家としてのマネジメント）の任務であるが、さしあたって構造は与件としておく。また、以下では、実行単位を仮に「職場」とよぶことにするが、第1図はかならずしも、企業全体の組織チャートではなく、そのサブ・システムを表しているると考えてもよい。たとえば、全体が職長によって統括される一つの職場を表しており、個々の実行単位は個人によって遂行される「職務」単位であるというような場合である。

職場（または職務単位）は相互に連関したそれぞれに特定の活動を実行し、マネジメントはそれらの活動のあいだのコーディネーションの統括に責任を持っているとしよう。企業の生産活動の費用・収益条件は、職場の直接のコントロールの及ばない、さまざまな不確定要因によって左右される。そうした要因を環境パラメータ（外部変数）とよび、それを次のように「個別的（idiosyncratic）」と「システム的（systematic）」の二つの種類に分類しよう。

○個別環境パラメータ　それぞれの職場（ないしは職務）の活動の費用・収益条件に個別に影響する環境パラメータ。職場（職務）の数だけある。

第1図　組織の基本構造

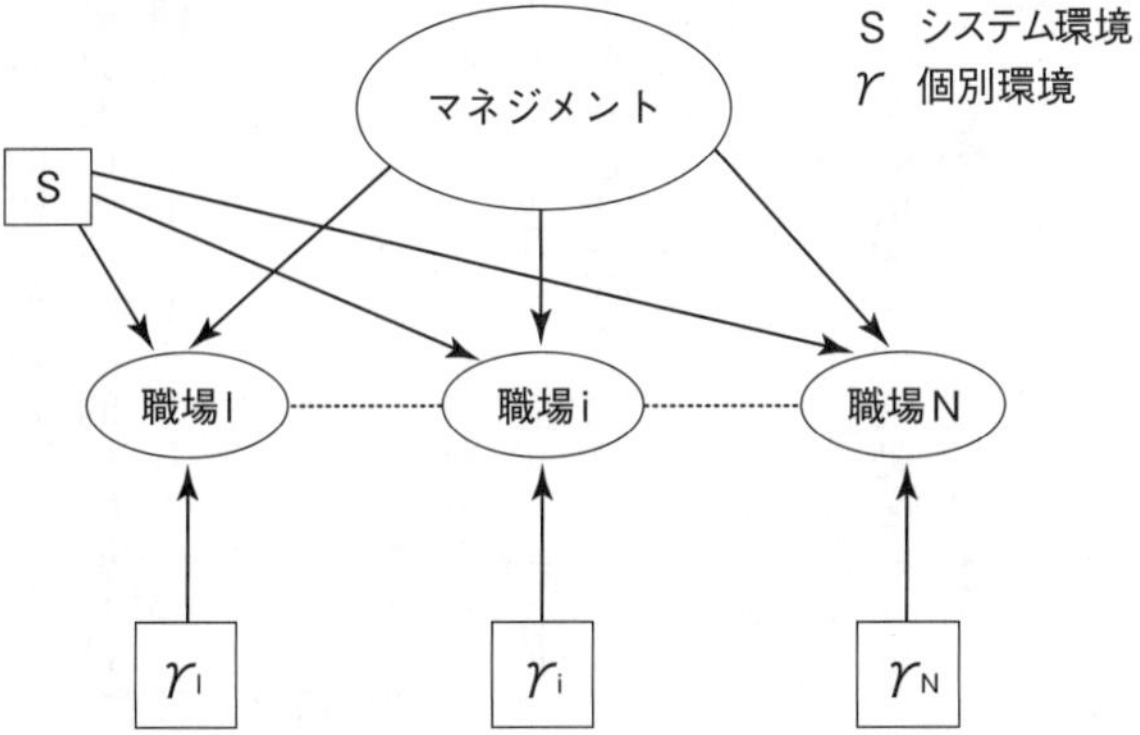

○システム環境パラメータ　全職場（全職務）の活動の費用・収益条件に同時に外部的効果を及ぼす環境パラメータ。

例として、自動車工場の組立てラインを取り上げよう。ラインの流れが止まると、そのラインに結合しているすべての職務の仕事は同時に影響を受ける。したがって、ラインのスムーズな流れに影響を与えるような要因はシステム環境である。それぞれの部署、たとえばエンジンの設置というような個別の職務にのみ影響を与えるような要因は個別環境パラメータである。この例からわかるように、実際には双方の区別は容易でない。エンジンの不良品の発生は、ある程度その部署で個別的に対処できるかもしれないが、それが大量に上ればラインの流れにも影響し、他の職場にも外部的影響を及ぼすであろう。しかし後の分析にとって必要なのは、実は各職場環境のあいだの統計的相関度だけである。相関度が高い（低い）場合、システム環境が個別環境より重要である（ない）と翻訳できる。そして、組織のコーディネーションの型の分類には、このシステム環境と個別環境の概念的区別が有用なのである。

さて環境パラメータは、確率的に変動するが、その確率分布は事前に企業（マネジメント）に知られているとする。現実に生ずるパラメータの実現値は、企業の情報処理活動によって観察されうるが、それは各観察主体の限界合理性のゆえに常に誤差を含んでいるとする。企業は「全体として」手持ちの情報を最大限有効に利用して、期待収益を最大にするように、生産物の種類と量、各職場の活動水準を選ぶことに、利益を見いだしているとする〔チームとしての企業〕。したがって、企業は生産活動に従事するとともに、環境を観察し、パラメータを測定する「情報収集」、およびそこから得られた事後情報にもとづいて、各職場の活動の方向性や水準を選ぶ「意思決定」などの情報処理活動をも遂行しなければならない。もっとも、生産物市場の条件に関する情報は具体的に物を売るという営業活動を通じて得られようし、機械の故障を認識し、その原因を探り、対処する、あるいはコントロール・パネルをモニターするなどという職場の活動は、生産活動であると同時に、情報処理活動でもある。したがって、企業における生産活動と情報活動は不可分であり、同じ活動のエネルギー面と情報面を捉えたものだともいえよう。

さて、そうした情報処理活動が企業の内部でいかに組織化されるかにより、異なった組織型が得られる。まず最初に、企業家・マネジメントが、職場やシステム、市場環境に関する事前の情報にもとづいて、職場の数と構造に関する決定はすでに行った状態を考えよう。したがって、ここで問題になるのは、与えられた収益最大の目的を達成するために、いかにシステム環境情報と個別環境情報の事後的処理を組織化するか、である。しかし、企業を構成するマネジメントと職場の限界合理性のゆえに、組織型の選択は制約されると考える。そうした限界合理性として、次の三つを考えよう。

第一に、マネジメントは、システム環境パラメータと個別環境パラメータの統計分布に関して事前の情報を有しているが、それらの実現値を事後的に、満足できる正確度とタイム・ラグで観測することはできない。マネジメントの基本的任務は、さまざまな事前分布上の特性を持った経済活動の集合の中から、特定のものを選択し、それを組織の構造として定着させることにあるからである。

第二に、各職場はシステム環境とそれ独自の個別環境の双方、またはそのいずれかを観測しうるが、それらの実現パラメータ値の測定は観測誤差を含む。誤差の大きさ（分散）は、職場の情報処理能力に依存する。システム環境と個別環境の双方を観察する場合には、注意の分散のゆえに、それぞれの観測時間あたりの誤差は増大せざるをえない。

第三に、職場レベルにおいて得られる個別環境ないしはシステム環境に関する事後情報は、マネジメント・レベルには、正確に、あるいはタイム・ラグなしに伝達されえない。また個別情報は他の職場にも伝達されえない。それは、その環境に実際におかれている人にのみ得られ、かつ理解されうる「現場情報」である。

「特定の時間と場所のもとにいる人にのみ利用可能な現場情報」の重要性は、ハイエクが古典的な名論文『経済知識の利用』で強調したことであった。しかし彼は、その含意としては、次のように考えるのにとどまっていた。現場知識を社会的に最もよく利用しうるのは、そうした知識の個人的利用によって生ずる需要と供給が、価格というメディアに翻訳され、伝播されるような分権的価格メカニズムのもとにおいてである、と。企業は依然として暗黙のうちに、ブラック・ボックスとして扱われていた。現場情報のすべてを時をおかず集中・理解し、刻々と意思決定に反映させうるような、全能のマネジメントが存在しうるならば、確かに企業の内部のコーディネーションは与件として、経済分析の埒外《らちがい》においておくことができるであろう。しかし、現代企業に見られるような、大規模な組織においては、有用な現場情報が組織の全体に拡散して存在するのであり、そうした全能のマネジメントの想定は、現場知識の重要性という前提と馴染《なじ》まない。

では、職場の情報処理能力の限定性、現場情報の集中不可能性という、二つの制約の下では、どのような組織内コーディネーションの型が可能であろうか。次に、五つの基本的な要素型を抽出してみる。

まず、市場経済の初期には、情報処理の権限が、企業家・マネジメントに集中された古典的な意味でのヒエラルキーが支配的であろう。アダム・スミスが扱ったピン工場が典型的な例である。またコース、ウィリアムソンらの「取引費用」学派の学者が、市場コーディネーションに対比させ、組織のコーディネーションとして想定したのもこのタイプであると解釈できる。

○古典的ヒエラルキー　マネジメントが、個別環境およびシステム環境に関する事前の情報にもとづいて、各職場の活動水準を集中選択する。各職場はマネジメントからそれぞれの活動水準に関する指令を受け、それをある誤差をもって実行する。この誤差は、指令の伝達の過程で起こるノイズ、各職場の指令の理解能力の限界や指令を実行することにおけるインセンティブの欠如などから起こる。

しかし、市場の多様化や技術の高度化に伴い、企業内の現場情報も古典的なピン工場より複雑となる。現場の人々の情報処理能力が高まれば、現場環境パラメータの事後的情報の処理、利用を現場に委譲する方向に、ヒエラルキー的コントロールを修正したほうが、効率化に役立つことになろう。

○分権的ヒエラルキー 職場はそれぞれの個別環境に関する情報を収集し、前もって定められた組織のルールに従い、それぞれの活動水準に関する分権的な意思決定を行う。組織ルールはマネジメントがシステム環境および個別環境に関する事前情報にもとづいて決定する。

フレデリック・テイラーの科学的管理法の本質は、このような組織ルールをさまざまな生産過程に関して定式化し、その運用のために現場の労働者を訓練することにあった。また、最近、新古典派的な「契約理論」が研究対象としたのも、このような分権的決定を各職務の担当者に動機づけるような報酬契約をいかに定式化するか、ということであった。

さて、前節で述べたように、電子通信が普及化してくると、大量のデータ伝達が可能になり、各現場には独自の現場環境に関する情報ばかりか、システム環境パラメータの推定に必要なデータが伝達可能になる。それは次のようなより分権化された組織型の出現を実現可能にするかもしれない。

○情報異化型　マネジメントはシステム環境および個別環境に関する事前情報にもとづいて、各職場の活動選択ルールを定める。各職場は、システム環境とそれぞれの個別環境に関するパラメータ推定を分散的に行い、与えられたルールに従い、それぞれの活動に関する分権的な意思決定を行う。

ここで、システム環境に関するデータの利用可能性は、情報ネットワークなどを通じて各職場のあいだに共通であるかもしれないが、その解釈、パラメータ値の推定は「異化」(differentiated) されているという想定が重要である。

以上、古典的ヒエラルキーから分権的ヒエラルキーへ、分権的ヒエラルキーから情報異化型へと、進化のパターンをヒューリスティック (発見的) に想定したが、別の進化パターンも可能であるかもしれない。たとえば同じ古典的ヒエラルキーから出発するが、そのもとで各職場はほとんど同質の職務からなっているとしよう。すなわち、職場の内部では、全員に共通の環境パラメータが各職務の個別環境パラメータより圧倒的な重要性を持っているとしよう。たとえばトラックに労働者のチームが荷を積み込むというようなプリミティブなチームワークがその例である。この場合には、チームの内部でシステム環境情報を共同処理し、同化された(assimilated)情報にもとづいて共同に行動選択するというコーディネーションの型が芽生えるかもしれない。かくして、次のような要素型を想定することができる。

○情報同化型　各職場は共同してシステム環境パラメータ値の観察を行い、得られた共通情報にもとづいて、それぞれの活動水準を共同でアドホックに選択し、実行する。各職場それぞれが所有しているかもしれない個別環境に関する私的情報は、共同意思決定にさいし利用されない。

しかし、市場の多様化や技術の高度化に伴い、個々の職場、職務の独自性も高まると、個別的な現場環境に関する事後的情報の処理、利用も必要になってくるであろう。かくして、次のような、より複雑な組織型が生成してくるであろう。

○水平的ヒエラルキー　各職場は共同してシステム環境パラメータ値の観察を行う一方で、個別環境に関する情報収集を分散的に行う。それぞれの活動水準の選択は、そうした結合情報にもとづいて、前もってマネジメントによって定められたルールに従い、分権的に行われる。

ここで言う、「水平的」ヒエラルキーとは、システム環境に関する集団処理と個別環境に関する分散的処理が、「情報システム的」に階層化しているという意味であり、権威的な意味でのヒエラルキーから区別するためである。水平的ヒエラルキーと情報異化型は、いずれも職場がシステム環境と個別環境の情報を同時処理するという点で、同型のようにみえるが、前者ではシステム環境が共同処理され、後者ではそれが個別処理されるという違いがある。そしてこの違いはやがて見るように、技術のいかんにより、組織の効率性に決定的な差をよび起こすのである。

組織型の比較情報効率性

以上五つの組織型をヒューリスティックに導き出したが、実際の企業組織は、こうした要素型がさまざまな形で重層的に組み合わされて成り立ってきた。しかし、はじめからそうした複雑な組織型を分析の対象としたり、その生成過程を論理的・歴史的に分析したりするより、まず要素型のそれぞれが、どのような条件に依存して比較優位を持つかを知ることが有用である。ある組織型のもとで実現されるマネジメントと職場の実行活動の選択の組合せ、言い換えればコーディネーションが、同じ技術的・環境的パラメータの下で、他の組織型より、単位時間あたり高い収益を実現しうると期待される時、前者の組織型は後者に比して、より「情報効率性」が高いと言おう。

各要素型のあいだの情報効率性の比較は、単にそれらに固有の構造のみでなく、それぞれの型の中で情報処理に携わる人々の能力にも依存するであろう。したがって、各組織型固有の情報効率の比較を意味あるものとするために、まず最初、職場レベルの一環境パラメータあたりの情報処理能力は、組織型のいかんにかかわらず、一定の水準にあると想定する〔各主体の情報処理能力は、収集するパラメータの事前の統計的分散と観察誤差の分散の比として指数化されうる。したがって、主体がなんらの誤差もなく真のパラメータ値を観察しうる時、能力指数は無限大となり、また誤差値の分散が無限大であるという意味でなんらの意味ある情報をも収集しえない場合には、能力指数はゼロになる〕。しかし情報異化型や水平的ヒエラルキーのように、情報収集が、システム環境と個別環境の双方に及ぶ場合には、注意力の拡散や訓練費用の増大のため、それぞれの環境パラメータに関する時間あたり観察誤差は、増大するとしよう。

また、組織型の比較にとって重要な、次のような定義を導入しておこう。それぞれの職場の活動の限界収益は、他の職場の活動が同時に拡大するときに増加するならば、言い換えれば、それぞれの職場の生産性が他の職場の活動によって改善されうるならば、それらの職場のあいだには「技術的補完性」があるという〔本書では、後に「戦略的補完性」と「制度補完性」という重要な概念を導入する。本書を通じて「補完性」という概念は、重要な役割を果たすが、基本的定義は、このエッジワースによる古典的な定義に同形である」。たとえば、ソフトウエアの開発において、システム設計の内容が符号化作業からのフィードバックによって改善されうるならば、後者は前者に補完的であるといえる。自動車組立て工場のライン上の職場のあいだにも強い補完性があるだろう。エンジンが、車体の数より多く生産されても意味がない。

逆に、それぞれの職場の活動の限界生産性が、他の職場の活動の拡大により、低下するのは、企業組織の中に有形無形の組織資源の制約があって、その使用において職場が排他的な競争をするような場合であろう。したがって、この場合、職場には「資源競合性」（あるいは「代替性」）があると言おう。たとえば、一つの石油精製プラントからの中間生産物を原料として用いるさまざまな下流加工工程のあいだには、そのような競合関係が存在しうるであろう。また前節で述べたような、通信の電子化、部品の標準化による外部注文の可能性の増大は、企業内の職場の補完性を弱め、専門的技能所有者の配分にかかわる職場間の競合性を強めるであろう。さまざまな職場のあいだに、技術的補完性も資源競合もない場合には、それらは技術的に分離可能であるという。

次に、個別環境の不確実性がシステム環境のそれに比してひじょうに高い（すなわち職場環境パラメータの分散値の、システム環境パラメータの分散値に対する比が大きい〕時、職場環境のあいだの確率的相関度が低く、逆の場合には高いと言おう。

さて、情報処理能力の同等性を仮定すると、最も情報効率的な組織型は、職場間の技術連関（補完性・資源競争的）と確率的相関度の二つの次元にもとづいて、次の第2図に示されたようなものとなる。

まず、職場間の確率的相関度が低い場合を考えよう。この場合、分権的ヒエラルキーの情報効率性が古典的ヒエラルキーに比して勝るばかりでなく、他の情報組織型に比しても最も高くなる。しかもこの効率性は、職場間の技術的連関性にかかわらず成り立つのである。

逆に、職場間の確率的相関度がひじょうに高いと、最適な組織型は、職場間の技術的連関性に依存する。もし、職場が互いに補完的に連関していれば、システム環境パラメータを共同で観察し、かつ共通情報にもとづいて共同決定するような、情報同化型が最も情報効率的になる。この場合、比較的安定な個別環境に関する私的情報を利用しないのは、決して欠点ではない。意思決定には利用しないほうがよいというパラドックスが存在するのである。職場が「共通情報」にもとづいて行動選択すれば、補完的関係にある活動のあいだのコーディネーションの釣り合いがより保たれるからで

第2図　情報効率的な組織型の分類

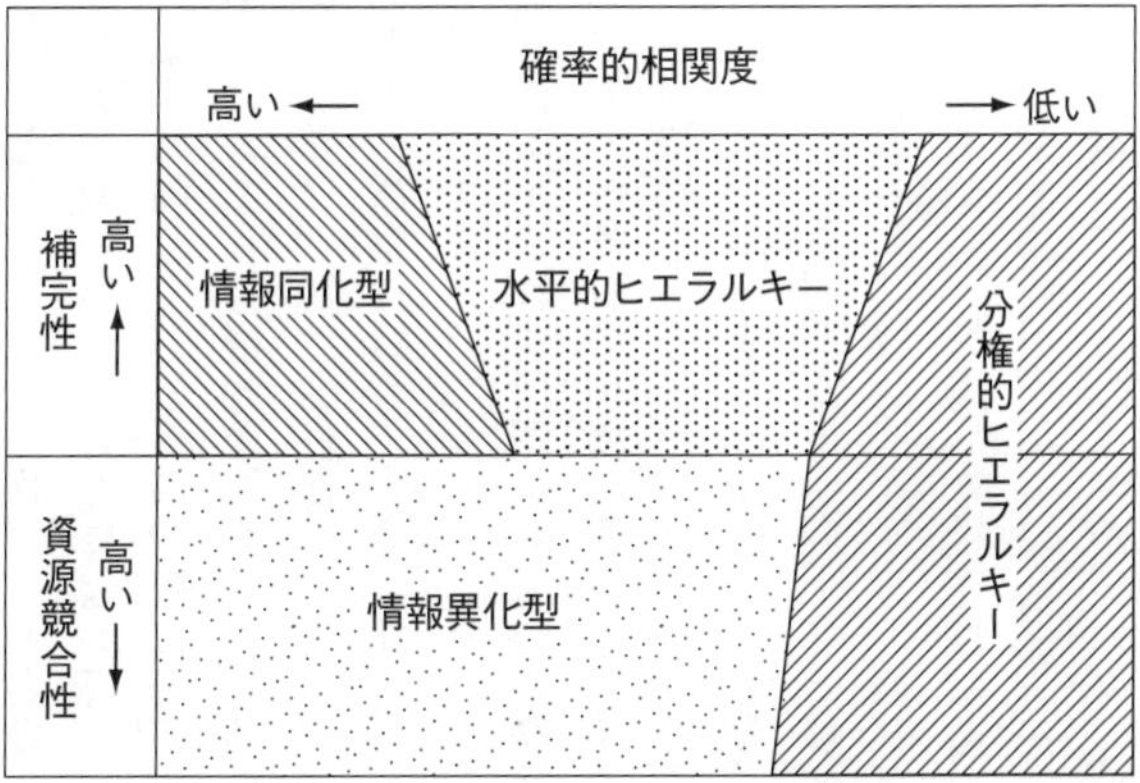

（注）　第3章以降「情報同化型」と「水平ヒエラルキー」を合わせて「情報共有型」，「情報異化型」と「分権的ヒエラルキー」を合わせて「機能分化型」とよぶ。

ある。職場のあいだに資源競合性があると、各職場が、分散的にシステム環境を観察し、異化された情報にもとづいて分権的に行動選択する組織型が最も情報効率的になる。この場合に共通情報にもとづいて行動調整が同方向に行われると、企業に特有の資源制約の壁に、より速やかに突き当たってしまうからである。システム環境が重要な場合、同じことではあるが、各職場間の確率的相関度が高い場合におけるこのような構造を、はじめて論理的に明らかにしたのは、クレマーの業績である。

システム環境と個別環境がほぼ同等の影響力を職場の費用・収益条件

に及ぼすとき、言い換えれば、職場のあいだの確率的相関度が中位である場合、より複雑な組織型の導入が必要になってくる。職場間に技術的補完性がある場合には、職場はまず共同してシステム環境に関する観察を行い、さらに独自に個別環境に関する観察を行って、分権的な決定に用いる情報の補充を行うのが効率的である。また、職場のあいだに資源競合性があるときには、各職場が、分散的にシステム環境と個別環境の双方の観察を行って、そこから得られた情報を分権的な決定に利用するのが最も情報効率的である。

職場の限定された情報処理能力のゆえに、この二つの組織型における職場の注意の拡散は、それぞれの環境の観察に関する確度を低下させるであろう。いわば、観察の専門化・特殊化の経済が犠牲にされることになるが、それによって、よりよいコーディネーションが達成されうるのである。幅広い情報処理能力が進化し、単位時間あたりに生成される情報水準が向上するに従い、水平的ヒエラルキーないしは情報異化型の優越する中間領域が拡大する。もし、情報技術と個人の情報処理能力が高度に発展すると、やがて、職場間に補完性があるか、資源競合的であるかに従い、水平的ヒエラルキーと情報異化型のみが情報効率的な組織型としての資格を持ちうるようになる。したがって、この二つが、人々の情報処理能力が最も進歩し、情報技術が最も発展したときにも生き延びうる、最も高度な組織型であると、当面はいえるかもしれない。

さて、これまでは企業の組織構造は与件としてきた。実際には、それは企業家（マネジメント）の選択変数である。クレマーの一九八二年（『エコノメトリカ』）の論文が含意するように、企業の基本的組織構造の選択はシステム環境に関する事前情報の処理に大きくかかわっている。すなわち、マネジメントは企業において潜在的に遂行可能な活動範囲を、それぞれの活動に影響を与える環境変数の統計的相関関係の強さにもとづいて、いくつかのグループに仕分けするとしよう。すなわち、おのおののグループ内の活動は、それぞれに固有のシステム環境パラメータの強い影響下にあると想定してもよいような、仕分けの仕方である。そして、それらの活動グループの収益性をそれぞれの生産物の需要に関する市場情報にもとづいて評価づけ、与えられた金融資源や組織資源の制約のもとで、それぞれの選択・非選択の決定を行う。具体的には、製品の差別化に関する決定、あるいは会社部門の創立・買収取得・売却整理などに関する決定を思い浮かべればよい。こうした決定にかかわる活動を、「企業家的リーダーシップ」とよぼう。

「企業家的リーダーシップ」はいずれの組織型においても、企業家ないしマネジメントの機能である。分権的ヒエラルキーおよび情報異化型のもとでは、こうした企業家的リーダーシップと各職場の情報処理とは、はっきり分業化、専門化されうるであろう。また職場間の任務も機能的にはっきりと区別されているので、それらのあいだの結合・分離もより容易であろう。したがってこれらの二つの組織型によって特徴づけられた企業は、可能な活動群のあいだのシステム環境パラメータを再評価し、組織を再構築（リストラクチャリング）することにおいて、機動的でありうるであろう。

これに対して、情報同化型のもとでは（そしてある程度まで水平的ヒエラルキーの場合も）、各職場は共同して情報処理活動に参加するし、また決定も事後的情報にもとづいてアドホックに行われる。したがって、それらのあいだの責任権限の配分はどちらかというと曖昧である。またそうした組織型におけるマネジメントの機能の一つは、共同情報処理・決定の組織的枠組みを提供することにあろう。あるいは、マネジメントはそうした共同行動を媒介するといってもよい。その結果、マネジメントと職場のあいだの権限区分もどちらかというと曖昧になり、そのことがまたマネジメントの企業家的リーダーシップのスタイルにも一定の影響を及ぼすかもしれない。すなわち、いったんある活動群が組織内に内生化されると、それらを実行する職場の情報処理上の相互作用が緊密化されるので、それらの活動群のあいだ、あるいは外部の活動群とのあいだのシステム環境パラメータを再評価し、組織を再構築（リストラクチャリング）することにおいて、相対的に伸縮性を欠くことになるであろう。

組織型の進化と産業の国際的比較優位の変遷

前節で得られた理論的予測は、どの程度に、現実に観察されうる経済間の比較優位を説明するのに有効であろうか。「補完性」と「確率的相関度」をキー・ワードに、本章の冒頭で挙げた諸例をもう一度、再解釈してみよう。歴史的に見ると、企業組織の形成の最初の段階では、どこの経済でもまず古典的ヒエラルキーが支配的に現出する。そういう段階では、情報処理能力の蓄積が社会的に未開発で、一部の人々に偏っているからである。情報処理の能力とインセンティブを持った経済主体が起業家として、企業組織を形成し、自らマネジメントの機能を果たすということが多いであろう。しかし、この段階では生産物や投入物の市場環境や工場の設計などのシステム環境に関する事前の情報処理が、企業収益性には最も肝心と考えられて、職場というナノ環境における事後的な情報処理は、まだ企業のマネジメントに重要な役割を果たさない。

しかし、ヒエラルキーの下位レベルにおいて情報処理能力が高まると、それぞれの職務遂行に関してより複雑な判断を必要とするような、技術の導入が可能になるであろう。第二次大戦中の軍需生産の水準と生産性の増大の要請はアメリカにおいて、科学的経営管理の導入に大きな刺激を与えた。この運動のエッセンスは、労働者が職場で生ずる複雑な状況に対処しうるよう、彼らを組織的に訓練することにあった。しかし、それぞれの労働者はマニュアルに従って、個別職務において生ずる不確実性を処理するよう専門化された。計算された職務の区分や、信頼度の高い機械体系の導入、ショック・アブソーバーとしての在庫の利用などによって、職務間の確率的相関は組織的・技術的にコントロールされ、工場内のシステム環境は安定させられた。こうして、アメリカにおける分権的ヒエラルキーの精緻化は、自動車、鉄鋼、化学などの伝統的な製造業において比類のない生産性向上を可能とし、一九七〇年代末に至るまでアメリカ製造業は世界をリードすることになった。

一方、異なった発展のパターンが同じ第二次大戦中に日本で生じていた。それまでの日本の産業は、主にヨーロッパから輸入された技術と古典的なヒエラルキーによって特徴づけられていた。しかし職場のレベルにおける職務の区分は、先進的な造船所や兵器廠《しょう》などを別とすれば、いまだ不明確であった。そして大量の徴兵で生じた労働力不足は、機械の故障や、部品の欠乏、欠勤などの事態に対処するのに、仕事の専門化を通じて行うことをいよいよ困難にした。労働者と職長、さらにはホワイトカラーとブルーカラーのあいだの身分差別が急速に減少していったのもこの時期である。労働者の職場における情報共有指向は、戦争直後に広まった工場管理によっても強化された。一九五〇年代に経営者がコントロールを回復したときに、彼らは職場における労働者の自生的コントロールを追認せざるをえないような状況にあった。

しかし、通常、職務間の確率的相関度がきわめて高い状況は、プリミティブなチームワークにのみ見いだされうるであろう。現代の企業では、個々の労働者が個別に当面する情報要件は、彼らがグループとして直面する情報要件に劣らず、重要である。実際、一九五〇年代から六〇年代にかけての日本の経営者の目指したことは、自生的に生成された集団的アプローチをアメリカで発展させられた科学的経営管理と融合することであった。この試みの帰着が水平的ヒエラルキーの生成であった。

すでに自動車産業について述べたように、生産物の多様化によって、数多くの部品を同一ラインのうえでさまざまな形式で組立てねばならないような場合、職務のあいだには強い「補完性」が形成されることになる。また、組立てラインの中断は、ライン上の各職務の生産性に同時的な外部的影響を及ぼすであろう〔システム環境の重要性〕。ある部署において発生する問題、たとえば機械の故障や不良部品の発見など、ラインの停止に至るようなシステム環境にかかわる情報は、関連現場のあいだで共有され、ただちに共同の問題処理に用いられることが望ましいであろう。しかし、同時に複雑な機械の扱いは、個別労働者の特定の職務に対する熟練をも必要とするであろう。

一九七〇年代の末期から八〇年代の半ばにかけて日本の自動車産業が国際競争力を獲得したのは、分権的ヒエラルキー的組織を職場のレベルにまで貫徹していたアメリカ企業に比し、水平的ヒエラルキーの要素を組立てラインの現場に導入することによって、生産物の多様化・複雑化がもたらしつつあった作業間の補完性の増大に先駆的に対応しえたことが大きかった。また、「カンバン」システムにおける組立てライン工場と下請け部品供給企業のあいだの情報構造も、部品供給のタイミングに関する両者のあいだの情報の共有と、部品生産に関する情報処理の下請け企業への分権化という点で、水平的ヒエラルキー要素を含んでいた。すなわち、自動車産業においては、水平的なヒエラルキーが重層的に組織されているのである。

製品開発においても日本企業は、水平的ヒエラルキーの組織型を発展させてきた。開発活動では、活動の結果はきわめて不確実性が高いので、上流から下流へと活動が川の流れのように、直線的に移行していくわけにはいかない。試験段階や製造過程、マーケティングなどの後段階において得られる情報が、前段階にフィードバックされ、設計が修正されるというような反復過程が有用（補完性）である。こうした補完性に対応するのに、日本企業は開発・製造・市場化過程を川の流れに沿って、上流・下流の職務チームを断続的に配列するのではなく、それらをオーバーラップさせるという、水平的ヒエラルキーの発展によって対処してきた。また、技術者の入社以前の大学教育のバックグラウンドはかなりの程度に同質であり、また終身雇用制度によって技術者相互の結び付きは半永続的である。さらには、技術者のあるものはキャリアの途中で製造現場の管理に転出するという人事慣習も加わって、開発チーム内部、開発チームと製造現場の情報共有度は高い。こうした組織上の特徴を生かして、自動車、工作機械、電気機械などの製造業で、日本企業は一九八〇年代におおいにその技術水準を高度化させた。こうして発展した産業を以後、「ハイ・エンジニアリング」とよぶことにしよう。

反面、日本企業は、石油化学産業のように、技術の成熟度が高い産業では、競争力を発揮しえないでいる。こうした産業では、工程間の外部不確実性はかなりの程度で技術的に処理されうる。したがって、その効率性は、むしろ下流の加工物の市場状況に関する個別情報を的確・迅速に把握し、それを上流の中間素材の供給体制に反映させうるような仕組みを必要とする。このような下流工程間の確率的相関度の低い産業では、下流工程を伝統的な分権的ヒエラルキー構造によって統合した組織型が依然として有効であり続けよう。事実、国際競争性を持つ欧米の石油化学企業は、そうした構造を持っている。

経営歴史学者として有名なハーバード・ビジネス・スクールのアルフレッド・チャンドラーは、一九七〇年代から八〇年代にかけて盛行したアメリカの会社資産の買収・売却に関するデータを事細かに収集・分析し、そうした会社リストラクチャリングが生産性・収益性向上に真に貢献した産業は、化学産業と薬品産業であることを明らかにした。これらの産業では、会社資産の買収・売却に関する情報処理・意思決定がウォール・ストリートの投資銀行によってではなく、産業の市場や技術条件について職業的情報を保有する経営者自身のリーダーシップの下に行われたことが、その成功の要因であったとチャンドラーは指摘する。すなわち、強力な企業家的リーダーシップが分権的ヒエラルキー構造と補完的となっていることが窺われるのである。

それに比して、情報共有度が高い組織型に収束するという日本企業の傾向は、石油化学産業において、個別の誘導品や特殊な加工物に特化した中小規模サイズの企業が多数分散化する傾向を生み出した。そして、市場環境の情報処理・利用にもとづく生産コーディネーションは、同一のコンビナートに技術的に結合している多数の企業のあいだの繰返しの取引交渉（情報同化）、安全性のための現場コーディネーションへの過度の依存などに制約されている。そして、それぞれの内部で情報同化的な傾向を持つ企業の併存は、合併・資産買収・売却による産業の再構築をきわめてむずかしいものとしている。

さて、ハイ・エンジニアリングの分野での日本企業による組織型の革新は、ベンチャー企業を除けば等しく分権的ヒエラルキーを内在化するにとどまっていたアメリカ産業にとって、組織改革の挑戦となった。しかし、一九八〇年代から九〇年代にかけて、アメリカの情報産業は組織型のブレーク・スルーを成し遂げることによって、この挑戦に応えたように見える。分権的ヒエラルキーは、個別環境を扱う専門化技能と分権的な決定権限によって特徴づけられていたことを思い起こそう。そのような組織型の比較優位は、情報処理の範囲をシステム環境にまで拡大し、情報異化型組織に進化することによって、増加しうるであろう。しかもそれは、企業内部の職務間の技術的補完性を戦略的に減少させることができれば、いっそう有効になる。結局のところ、技術的補完度や確率的相関度も完全に技術的与件ではなく、ビジネスの選択変数でありうるのである。

たとえば、生産物は高度に複雑化しているが、その生産は標準的な部品の多様な組合せによって、顧客の多様な要求に見合うように、モジュール化されうるとしよう。ダウンサイズされたコンピュータ・通信システムやオブジェクト指向のソフトウエアを例として挙げることができる。標準化された部品供給が外部発注によって即座に行われうるように産業の組織化が進むならば、組織内の職務の補完性は減少させられ、設計能力のような稀少な組織資源の職務間配分がより重要な課題となるであろう。いうまでもなくこうした情報異化型組織の可能性は、インターネットによる通信や世界的な交通手段の発展によって可能になった。

この発展におけるもう一つの重要な要素は、それぞれの職務単位が、時として企業の境界をも越える広大なデータに接近できるという可能性である。情報の未来伝達手段に関してすらまだ合意されていないような、創成期にあるIT産業では、さまざまな企業のあいだの業際的相互作用が産業規格を自然淘汰的に選択していくであろう。産業規格の形成は、一企業の内部にはなかなかに内生化されえない。したがって、広範なシステム環境にかかわるデータの取得がそれぞれの職務の生産性に重要な役割を演ずることになる。しかし、分権的ヒエラルキーの伝統にのっとれば、システム環境に関するデータの共有は、かならずしもその解釈に関する同一性を意味しない。むしろ、専門化機能に従い、データの解釈は異なりうるであろう。そのような情報異化的構造は、すべての内部単位が雪崩《なだれ》式に一定方向に走りだして、内的資源を浪費することを防ぐのである。

日本経済において、ＩＴ産業の生成期に、いささかの無力感が漂っているように見えるのは、情報共有とコーディネーションを個別企業や特定の企業グループに完結させた組織型の制約からくるのであろう。もっとも、いったん産業の規格化が定型化すれば、日本企業はまたエンジニアリングの高度化において力を発揮するときがくるかもしれないが。

一産業内で見られる経済間の生産性格差が、すべてとはいわないまでも、かなりの程度において、企業内情報処理にかかわる組織型に依存するとすると、次のようなことが問題となってくる。なぜ最適の組織選択がすべての経済で同時に起こらないのか。そうではなく、なぜ組織型に関するイノベーションは一定の経済の内部に起こり、発展するのか。組織型に関する相互学習は経済間でも起こるものの、一定の産業における組織型の違いが、かなりの程度に経済間で持続するように見えるのはなぜか。たとえば、「カンバン」制度という企業内・企業間情報システムの革新は、なぜ日本企業で起こったのか。それに対して、ソフトウエアやバイオ・テクノロジーにおける研究開発組織の革新、ＩＴの規格形成におけるリーダーシップなどがアメリカにおいて生じたのはなぜか。日本の石油産業は、欧米からなぜその産業組織を学べないのか。その後れは取り戻せないものなのか。こうした問題を考えるための分析枠組みを提供することが、制度の多元性の分析を対象とする比較制度分析の次の課題となる。

〔学術文庫版への付記〕

正統派経済学は、組織を単なる機能的ヒエラルキーと同定化したり、あるいはその下でのインセンティブ契約分析に焦点を当てているが、この第2章において論じた企業の情報システムとしての比較分析は、比較制度分析を特徴づけ、その体系的基礎となる重要な研究主題である。本書で「情報システム」として概念化した構造は、いわば企業の内的構成員（経営者や労働者）の集団的な認知構造とも理解されうる。正統派経済学では、生産・企業活動に重要な認知活動はいわば個人の頭の中でのみ可能であり、他人はそれを、会話、報告、コンピュータなどによる公式のメッセージを通じて以外、窺い知ることはできないという特別な前提にもとづいている。したがって、企業の成員が、それぞれ利己的な動機にもとづいて、自らの情報や判断をねじ曲げて伝えたり、表現したりすることを抑制するようインセンティブ契約や情報伝達メカニズムを設計することが、正統派経済学の主要な研究課題となった。いわば、インセンティブ要因が、組織構造を規定するという考えである。しかし、最近の認知科学や脳科学の発展は、人々はお互いの意図を推察したり、他人の行動から学んだり、また意図や目的をシェアしながら協働する能力を持つことを、理論的にも、実験的にも明らかにしつつある。その含みは、集団的認知構造としての組織は、状況や歴史的経路に応じて多様でありうるということでもある。この関連で、次章で扱っている進化的考えがより重要となる。

なお本書では、企業の情報システムとしての多様性を、主に職場間のヨコの情報（認知）連結関係（同化／異化）にもとづいて区別している。しかし、マネジメントと各職場のあいだのタテの関係においても、ヒエラルキー的分化／情報同化／カプセル化などの区別が存在するだろう。こうしたタテ・ヨコの関係の組み合わせを明示的に扱う方が、より現実関連性の豊かな組織アーキテクチャの分類とそのコーポレート・ガバナンスへの含みの分析をなしうることが、その後の発展のなかで明らかになってきた。たとえば、伝統的なドイツ型企業、シリコンバレーなどの起業家企業集落、あるいは最近先進経済において登場しつつある、人的資産の不可欠性によって特徴づけられる企業などの特徴づけが、明快に区別されうることになる。それらについては、拙著『比較制度分析に向けて』（以下、青木2001年と略記）第4章、近刊『コーポレーション・ゲーム・社会』（以下、青木2009年と略記）第1講を参照されたい。

第3章　進化ゲームと均衡の多成性

戦略としての機能的・文脈的技能形成

前章の終りに、経済における企業形成の初期段階では、情報処理機能の集中化した古典的ヒエラルキーが支配的な組織型になるであろうと指摘した。しかし、情報処理能力の社会的蓄積が進み、また技術の複雑化・高度化により、企業の内部活動に影響を与えるシステム環境パラメータや職場環境パラメータの重要性が高まると、企業組織はヒエラルキー型の特徴をとどめつつも、情報異化型や情報同化型の要素的特徴を取り込んだ複合的・重層的組織型を発展させるようになるであろう。しかし、さまざまな経済を比較してみると、情報同化型と情報異化型のどちらかが、優勢になる傾向がある。そして、それは基本的なヒエラルキーの構造にも、質的に異なった修正を及ぼす。

たとえば、アングロ・アメリカン・システムにおける古典的ヒエラルキー原理の修正は、情報処理の分散化を漸次取り込むという経路を辿ってきた。高度な判断力を伴う戦略的決定に関連した情報処理機能をマネジメントに集中させる一方で、業務に関連した情報処理機能を、一定のルールに従い、機能的に特化した下位単位に分権委譲してきた。もし職場間の技術的補完性が強ければ、情報処理の分散化は職場の個別環境に関するものに限られようし〔分権的ヒエラルキー〕、そうでなければ電子通信技術の発展に支えられて、それはシステム環境に関するものにまで及ぶであろう〔情報異化型要素〕。いずれの発展においても特徴的なことは、ヒエラルキーの水準を問わず、各成員の情報処理機能が明確に特化され、形成される情報も異化されていることである。したがって以後、特に両者を区別する必要のない場合には、それらをあわせて「機能分化型」とよぶことにしよう。そしてこのような組織形態のもとで有用な情報処理能力を「機能的技能」とよぼう。

一方、日本における古典的ヒエラルキーの修正は、まず情報同化型の要素を試行錯誤的に取り入れ、定着させるという経路を辿ってきた。日本企業は、戦前から経済の重化学工業化、戦時経済体制化と極端な労働力不足、復興、高度成長などという、絶え間ない環境変化への適応を課題としてきた。しかし、戦略的な意思決定に特化した企業家的リーダーシップや、機能的に特化した各種の特殊技能の社会的蓄積が相対的に未発達なもとでは、こうした環境への適応は、アングロ・アメリカン型の機能分化型の進化によってはなしえなかった。環境適応の過程で継起する諸問題は、組織全体として、あるいは職場全体として、集団的に対応された。そこでは、諸個人のあいだの機能分担はどちらかというと曖昧で、集団的な、アドホックな問題解決が先んじた。しかし、そうした問題解決の試行錯誤のなかから、有効な方法が同定化され、しだいに組織のルーティンとして定着していく。藤本隆宏の研究は、「カンバン」システムも、高度成長期の予期しなかった需要増に対応する、職場のアドホックな問題解決のなかからしだいに姿を現したことを明らかにしている。そして情報同化型組織はやがて、成員の個別環境に関する機能的な情報処理の要素をも加えた、一段と高度の水平的ヒエラルキーへと発展していくのである。以下、情報同化型と水平的ヒエラルキーを特に区別しないときには、それらをあわせて「情報共有型」とよぼう。

情報共有型、特にその進化した形態としての水平的ヒエラルキーにおいて有効な情報処理能力は、組織の仲間とのコミュニケーションを通じて情報共有を強め、環境変化に適応して伸縮的な職務配分をこなし、また機械の故障や不良品の発生など、小池和男のいう「異常な事態」が発生した時に、現場でアドホックに対応しうるような能力であろう。それはシステム環境と個別的な職場環境の双方に目を配れる「幅の広い」ものであろう。こうした技能を「文脈的（contextual）」技能とよぼう。それは、一定の組織の文脈で具体的に習得され、蓄積されうるような技能だからである。組織の参加に先立つ教育においては、その準備として、より一般的な問題解決とコミュニケーションの能力に投資しておくことが有効であろう。こうした準備的技能を「可塑的（malleable）」技能とよぼう。つまり、不特定の組織における具体的な文脈的技能形成を予期した、素材の形成といった意味合いである。

　機能分化型においては機能的技能が有効であり、情報共有型組織においては文脈的技能が有効であると述べたが、その逆の依存関係もまた真である。すなわち、各経済主体がどのような技能に投資するかは、支配的な組織形態に依存する。もし、機能分化型が支配的であれば、経済主体はなんらかの機能的技能への投資から得られる利得《ペイ・オフ》がより高いと予想するだろう。この場合、可塑的技能に投資しても、支配的な組織はその経済価値をただちには認めないし、またそうした組織の中で文脈的技能を発展させる展望もないからである。他方、情報共有型の組織が支配的であれば、経済主体は可塑的技能への投資から得られる利得が高いと予想するであろう。特殊な機能的技能に投資し、その有効利用を主張する主体は、情報共有型の組織の内部では、「出る杭は打たれる」式の扱いを受けるかもしれない。すなわち、組織型と技能型のあいだには、マッチング（適合性）のあることが必要なのである。

しかし、ここで問題となることは、前章でみたように、ある特定の組織型が、すべての産業において最も情報効率的であるとはいえないことである。できれば、産業の市場的・技術的特質に従い、異なった組織型が棲み分けする多元的な経済が望ましい。しかし、現実の経済をみると、そうした組織型の最適分布は、かならずしも生み出されているとはいえない。逆に、比較的均一の組織型がそれぞれ異なった経済において、支配型ないしは慣習として成立する傾向がある。しかし、これは単なる短期的な、推移期の現象なのか。息の長い需要と供給の調節、または最適組織の自然淘汰が、組織の多元性から得られる利益を長期的には実現しうるのだろうか。こうした問題を考えるために、まず、異なった組織型が異なった経済において支配型として生成しうる論理構造を明らかにしよう。用いられる分析用具は、「進化ゲームの理論」である。

経済が最適な状態を近似するのに各経済主体の完全合理性は必要ない、という考えに進化論的な推論を適用し、合理づけようとした最初の経済学者にアーマン・アルチアンがいる。その推論はミルトン・フリードマンの著名な方法論に関する論文にも引き継がれている。各経済主体が試行錯誤的に、成功者の戦略を模倣していけば、最も合理的な選択が、自ずと経済の中で自然淘汰を通じて選択されていくはずだ、という推論である。もしそうだとすれば、最適な多元的経済が、やがてはどこにも現出するはずである。しかし、次節の分析は、彼らとはいささか異なった結論を導くであろう。

非最適複数均衡の生成――J均衡とA均衡

経済にはMとIという二つの産業があるとしよう。M産業は、生産における技術的補完性と職場間の高い確率的相関度によって特色づけられるとしよう。したがって、この産業では、情報共有型組織が情報効率上、絶対的優位性を持っている。機能分化型はこの産業では情報効率性が低い。一方、I産業は、その生産技術に関して資源競合性、または職場間の低い確率的相関度によって特色づけられ、したがって、この産業では機能分化型が情報共有型組織に比して、情報効率上、絶対的優位性を持っているとしよう。M産業の生産物とI産業の生産物は、消費において互いに補完的であると考えよう（たとえば自動車産業とIT産業）。すなわち、双方の生産物が同時に供給されねば、それらの効用は減退する。

さて、時間は連続的に流れるとし、毎時点、毎時点、企業は二人の経済主体のマッチング（組合せ）によって形成されるとしよう。一人は組織形態を選択する企業家、

第3図　費用マトリックス

M産業	可塑的技能	機能的技能
可塑的技能	.1	.5
機能的技能	.5	.3

I産業	可塑的技能	機能的技能
可塑的技能	.3	.45
機能的技能	.45	.1

他はそれによって雇われる特定タイプの技能を有した労働者と考えてもよい。しかし、簡単化のために、二人はいずれも「機能的」ないしは「可塑的」技能のいずれに投資したかによってのみ区別されうる、他の次元では同質的な主体としておこう。もし、二人の可塑的技能の持ち主のマッチングが生ずれば、情報共有型組織が形成され、二人の機能的技能の持ち主のマッチングが生ずれば、機能分化型が生ずると考えるのである。いずれの産業においても、可塑的技能と機能的技能の持ち主とのミス・マッチングが生ずると、それによって形成される企業組織の生産性はきわめて低いものとなると仮定しよう。これらの仮定を、第3図のような簡単な費用マトリックスで例示しておこう。たとえば、M産業では、可塑的技能の持ち主同士のマッチングが生ずれば、産出物単位あたり一万円の費用で済むが、可塑的技能と機能的技能の持ち主のミス・マッチングが生ずると五万円かかるというような場合である。

各産業の生産物は、完全自由競争的な市場において販売される。どのようなタイプの企業によって生産されたかを問わず、一物一価の現象が生ずる。二つの種類の生産物のあいだの消費補完性のゆえに、相対的に供給の減少した生産物の価格が相対的に騰貴する。生産物価格マイナス実現生産費用の差、すなわち純収益は、企業を構成する二人の主体のあいだで、等分にシェアされると考えよう。それが主体の利得を構成するわけである。

各いかなるタイプの技能形成に投資するか、いかなる産業に参入するかの選択は、各個人に属する。企業形成、すなわち主体間のマッチングは、各時点で無差別に確率的に行われると仮定する。すなわち、ある技能タイプに投資し、ある産業を選択した主体は、同じ産業を選択したすべての主体と等確率で出会うと予想される。いわゆるランダム・マッチングの仮定である〔この仮定は、各主体はかならず誰かと出会うが、同タイプの技能の持ち主と相対的に高い確率で出会うという仮定に置き換えても、以下の論理的展開の本質は変わらない〕。こうした状況のなかで、各主体は限界づけられた合理性のもとで自分の利得が最大化するよう、技能タイプと産業の選択を「戦略的」に行うと考えよう。

主体は、各時点で、人口全体のなかで「平均」して最も高い利得をあげている技能タイプと産業の選択を知りうるとしよう。同じ技能タイプと産業を選択した主体のあいだにも、確率的に定まるマッチングの結果により、事後的な利得にバラツキが生ずるが、その平均を見るわけである。そして、そうした「最適者（the fittest）」の戦略を各経済主体は模倣しようとするが、その実行にはある種の摩擦が生ずるとしよう。たとえば、機能的技能に投資した主体は、一企業を超えたその普遍的価値のゆえに、いずれの産業のあいだをも無費用で流動しうるが、文脈的技能に転換するには、世代の交代が必要であるというようなことである。また、ある産業において、可塑的技能を文脈的技能に転化させた主体は、他の産業に移動することにさえ、時間がかかるとしよう。こうした摩擦を含んだ最適者模倣のダイナミクスは、ちょうど、自然淘汰を通じて適者が選択されていく進化過程と類推的であるので、「ダーウィン的ダイナミクス」とよぶことができよう。ダーウィン的ダイナミクスにおいて、人口のすべての成員の期待利得が均等化した状態、すなわち、最適者模倣による戦略変更の可能性がもはやない状態を、「均衡」という。

もう一度、第３図を見よう。もしこのマトリックスのそれぞれを、別々のゲームの負の利得（費用）を表したものと見立てると、やや専門的には次のような特徴づけがなされうる。すなわち、Ｉ産業は機能的技能形成の戦略が「リスク支配的（risk dominant)」なコーディネーション・ゲーム、M産業は可塑的技能形成の戦略が「リスク支配的」なコーディネーション・ゲームである。「リスク支配的」戦略とは、マッチングの相手が、二つの戦略を同確率で選択すると予想される場合、より高い利得を生み出す戦略のことである。したがって、これらのゲームが独立してプレーされるならば、リスク支配的な戦略が各プレーヤーによって選択されうる蓋然性は高いであろう。

しかし、ここでは、事情はもう少し複雑になっていて、両産業の生産物は互いに消費補完的であるから、それらの相対価格は供給の相対量に応じて変動する。こうした一般市場均衡論的な要素を導入して、二つの産業内コーディネーション・ゲームを一つのモデルに結ぶと、戦略のコーディネーションの在り方はより複雑になる。コーディネーション・ゲームのプレーヤーの本当の利得（価格マイナス費用）は、生産物の市場条件によっても左右されることになるので、一産業内でリスク支配的でない戦略でも、その採択がより利得が高いということが生じうるのである。たとえば、人口の大多数を構成するのは機能的技能の持ち主で、彼らはこぞって、その技能がリスク支配的となっているI産業に流入するとしよう。すると、I産業の生産物の供給量が増大し、その価格は下落する。他方、それと消費補完的なM産業の価格は相対的に上昇するから、今や彼らにとってM産業も魅力のあるものとなる。そして、その産業に流入するのに可塑的技能に転換する必要はないであろう。もしそうすれば、かえって、人口において支配的な機能的技能の持ち主とミス・マッチングが生ずる危険性が高まるからである。すなわち人口の大多数が機能的技能に投資していれば、産業の技術的条件いかんにかかわらず、同様の戦略を採択するほうが期待利得が高くなる。このとき、機能的技能は「戦略的に補完（strategic complementarity）」的になっている、という。M産業においては、文脈的技能が技術的に補完的であるにもかかわらず、である。対照的に人口の大多数が文脈的技能に投資している場合には、それが戦略的に補完的となる。

わずか二つの産業、二つの技能タイプが存在するだけであるが、こうした戦略的補完性のある進化ゲームを分析すると、実に九つもの均衡が存在することがわかる。しかし、そのなかで特に重要なのは、**進化的均衡**（evolutionary equilibrium）とよばれるものである。それは、均衡戦略から逸脱した「侵入者」が一時的に少数あらわれても、あるいは主体の技能選択に補完的な戦略からの「ゆらぎ」が生じても、やがて適者生存の進化的圧力を通じて、それらもやがて均衡戦略に同調化されてしまうような均衡である。経済的に意味のある進化的均衡には次の三つがある〔それ以外に、病理的な性質をもった進化的均衡が一つと、不安定な均衡点が五つあるが、それらは経済学的にたいした意味はない(注)」。

○P均衡　M産業は文脈的技能を選択した主体の構成する情報共有型組織によって、I産業は機能的技能を選択した主体の構成する機能分化型によって、それぞれ棲み分けられた唯一のパレート最適の状態〔すなわち、これ以上人口の利得を同時に引き上げるのは不可能な状態〕。

○A均衡　M産業の企業も、I産業の企業もすべて、機能的技能を選択した主体たちによって組織された機能分化型である状態。

○J均衡　M産業の企業も、I産業の企業もすべて、文脈的技能を選択した主体たちによって組織された情報共有型である状態。

これらのうち、どの均衡が現実に生成してくるかは、経済主体の将来予想の形成や実験という要素をまだ考慮していない分析の現段階では、もっぱら歴史的初期条件に依存することになる。すなわち「歴史的経路依存性」(path dependence) といわれる性質である。すでに推論したように、人口のかなりの部分が機能的技能を選択しているような経済では、やがてA均衡が生成してくるであろうし、また人口のかなりの部分が可塑的技能を選択しているような経済では、やがてJ均衡が生成してくるであろう。Ｊ均衡でも、Ａ均衡でも、一元的な組織型が生成している。すでに機能的技能に投資した主体と可塑的技能に投資した主体とが、それぞれかなりの割合で共存しているような多元的状況を出発点としないかぎり、パレート最適なＰ均衡はなかなかに生成し難い。いずれにせよ、戦略的補完性を含んだダーウィン的ダイナミクスには、歴史的経路に依存して、経済が異なった組織型に均斉化する多系的発展、なかでもパレート非最適な状態に安定的に収束する可能性がありうるのである。この点で、明示的な分析によらなかったアルチアン＝フリードマンの進化論的推論は正しくなかったといえる。

（注）ダーウィン的ダイナミクスにおける複数均衡の存在とその生成の歴史的経路依存性とをグラフィックに説明するため、第４図(イ)（次ページ）を参照されたい。この正三角形は、二次元シンプレックスといわれるもので、三次元の変数の分布を二次元で表す工夫である。各辺は、人口のサイズを表しており、頂点Ｂから始まって頂点Ａに向かう距離、ないしは頂点Ｄから始まって頂点Ａに向かう距離はいずれも、人口に占める機能的技能形成者の割合を表すとしよう。機能的技能は組織帰属から独立の特定の技能に対して形成されているから、彼らは産業のあいだを瞬間的に可動的であるとしよう。いいか

第４図　進化ゲームの均衡

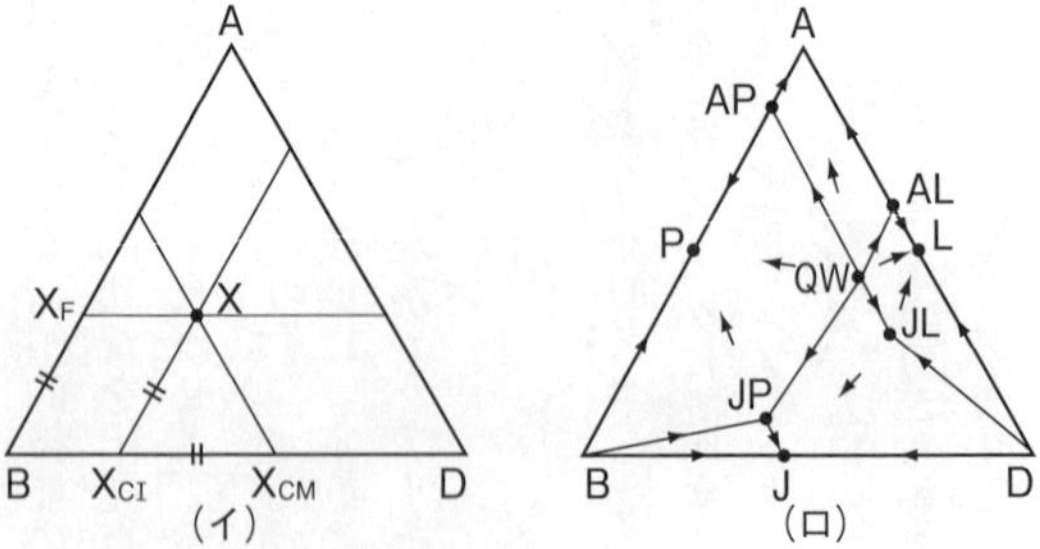

えれば、彼らの利得はいずれの産業に従事するにかかわらず同等化するので、産業間配分を明示的に表す必要はない。

　他方、文脈的技能は、一定の組織の文脈で形成され、産業間に費用なしで移転されえないから、その産業間分布も明示的に表される必要がある。頂点Bから始まって頂点Dに向かう距離は、産業Ｉに従事する文脈的技能形成者の人口に占める割合、頂点Dから始まって頂点Bに向かう距離は、産業Ｍに従事する文脈的技能形成者の人口に占める割合を表すとする。いま、仮に、経済の人口分布は、点Ｘで表されるようなものであるとしよう。この点から、各辺に平行に直線を引く。この時、線分$\overline{BX_F}$がこの経済における機能的技能形成者の割合、線分$\overline{BX_{CI}}$が産業Ｉに従事する文脈的技能形成者の人口に占める割合、線分$\overline{DX_{CM}}$が産業Ｍに従事する文脈的技能形成者の人口に占める割合をそれぞれ表す。

さて、第4図(ロ)はこの工夫を用いて、各均衡の所在を表したものである。人口のすべてが機能的技能に特化したA均衡は、頂点Aで表される。人口のすべてが文脈的技能に特化したJ均衡は、底辺の中間点Jで表される。いうまでもなく、その点による底辺の分割は、両産業に従事する人口の相対分布を表す。パレート均衡Pは、辺$\overline{BA}$の中間点で表せる。この均衡点では、線分$\overline{AP}$が産業Mに従事する文脈的技能形成者の人口割合を表していることは、明らかであろう。L均衡は、I産業が比較的に非効率な情報共有型組織、M産業が比較的に非効率な機能分化型組織によって支配されている状態で、本文で病理的ケースとよんだものである。そして、A、J、P、Lの回りにあって、矢印がそれぞれの均衡に向かっている区域は、各均衡の吸引域とよばれるものである。すなわち、歴史的初期条件がそれらの区域内の一つにあるときには、ダーウィン的ダイナミクスはやがて対応する均衡に収束する。また異種の侵入によって、均衡が一時的に攪《かく》乱《らん》されても、攪乱点がこれらの区域にとどまるかぎり、均衡がやがて回復する。すなわち、これらの四つの均衡は、進化的均衡である。均衡QWは、疑似ワルラス均衡とでもよばれうる状態で、機能的、文脈的技能の形成者のいずれもが、両産業で同等の期待利得を予想しているが、動学的には源点とよばれる不安定均衡である。その他のAP、JP、

JL、ALなどは動学的に鞍点《あんてん》とよばれる不安定均衡である。

さて、J均衡といい、A均衡といったことから、読者はすでに容易に推察されたように、ダーウィン的ダイナミクスは日米間の異なった支配組織型の生成の一面を説明する理論装置としての意味合いを持つ。そうした視角からみれば、日米の支配組織型の差は、違った歴史的初期条件から出発した異なった「進化的均衡」の状態と見なしうるのである。資本主義的工場生産に遅れて参入した日本では、職場の在り方は、もともとプリミティブなチーム生産（情報共有型）の要素を色濃く持っていたといえるであろう。またすでに述べたように、戦間期から戦後の高度成長期にかけての日本経済においては、継起する環境条件の変化に対するアドホックな集団的適応が広範に試みられ、そうした過程を通じて、文脈的技能の形成が徐々に拡延していった。その結果、情報共有型の組織が産業のいかんを問わず、現出していくことになる。

他方、アメリカにおける移民という新労働者の供給メカニズムは、すでに自立的な志向を持った労働者の「自己選択過程」であった。そうした労働者には、文脈的な技能形成の動機は最初から弱かったのであろう。技能形成は、職業教育などをつうじて、個人の市場価値を高めるようなものに特化していった。また科学的管理運動、G

Iビルによる高等教育の大衆化などを通じて機能的技能の蓄積が社会的に進展するに従い、情報処理がマネジメントに集中化されている古典的なヒエラルキーから、徐々に機能分化型の組織が支配的になっていったのも、そうした歴史的条件と進化的な整合性があったといえよう。

しかし、ここで重要なことは、日本の組織型の生成は、かなりの程度に歴史的経路依存性の理論によって説明されうるとはいえ、それは単純に日本の組織型の「後進性」を意味するものではないことである。前章の組織の比較情報効率性の分析から明らかなように、アメリカ型の組織均衡と日本型の組織均衡とどちらがパレート的により効率的か、簡単に判断は下せない。二つの組織型は、異なった産業で、異なった優位性を持っているのである。ある論者たちは、日本型の組織は、欧米経済にたいするキャッチアップの段階には有効であったが、今やそれは欧米のシステムと整合的なものに転形されねばならないという。しかし、ダーウィン的ダイナミクスの分析からわかるように、日本型のJ均衡からアングロ・アメリカン型のA均衡に移行しうる可能性は、にわかには明らかでない。しかも、たとえそうした移行が可能であったとしても、そもそもそれが望ましいことであるかにも疑問が残る。文脈的技能の消滅を通じて、ハイ・エンジニアリング産業の生産性が破壊されるかもしれない。

さらにダーウィン的ダイナミクスの分析から引き出されうるもっと重要な含みは、A均衡とJ均衡のどちらにも勝りうる多元的なシステム（P均衡）の存在しうる可能性である。問題は、むしろ、そうしたパレート的により効率的な状態に向けて、いかにしてグローバル・システムが全体として移行しうるかということであろう。この問題には改めて本書の第7章で立ち返る。本章の残りでは、その準備として均衡移行の可能性に関するいくつかの基本的な理論問題を進化ゲームの枠組みに沿って述べておくことにしよう。

歴史、将来予想、戦略のゆらぎ

前節では、経済主体は予想に関し近視眼的で、現時点で平均して最良の利得を獲得している戦略を最適と見なしているとした。この時、複数均衡からの選択は、もっぱら歴史的経路依存的になることになる。しかし、経済主体は歴史の呪縛から解放されることはないのだろうか。主体の積極的役割はありえないのであろうか。

人口の一部分が、予想の形成において一致すると考えよう。すなわち、それぞれのタイプの技能形成からの利得の予想に関し、単に現在の平均利得を将来に投影するのでなく、将来利得の「変化」（キャピタル・ゲイン）に関する予想を形成するとしよう。そして、あるタイプの予想利得現在価値が相対的に大きければ大きいほど、その予想にもとづいて、戦略選択を行う主体の数が増大するとしよう。さてそうした予想が実現する均衡動学経路を求めると、J均衡（およびA均衡）とP均衡の中間で、どちらの均衡からも離れた地域に、そこから出発すると、予想のいかんによってはどちらの均衡にも向かいうるグレー・ゾーンの存在することがわかる。もし、予想が多様性の利益を見越したものであれば、動学経路はパレート最適なP均衡に近づくが、予想が一定戦略の補完性によってとらわれていると、その戦略に対応したA均衡またはJ均衡に収束してしまう。いわば、予想が自己実現するわけである。

したがって、人口の大半が文脈的技能に投資している状態であっても、I産業の将来性からみて、機能的技能に投資したほうが得だと考え、そう行動する企業家精神をもった人たちが多ければ、組織型の多様化が実現しうることがありうるわけである。そうした可能性は、社会における企業家精神の程度が旺盛なほど、また経済主体の将来利得割引率が低く、彼らが長期的な見方をしているほど大きくなる。すなわち、歴史の呪縛から解放される程度が高くなる。かならずしも自明でないのは、技能のミス・マッチングのコストが高いほど、グレー・ゾーンの範囲が大きくなることである。逆にいえば、ミス・マッチングのコストが小さければ、与えられた歴史的条件が将来をも規定する可能性が高くなる。こうした予想形成に依存した複数動学経路の生成の可能性は、松山公紀とポール・クルーグマンによってはじめて研究された。

もう一つ、理論的に歴史の制約を緩和しうるメカニズムは、最適戦略の模倣という「限定合理的」な戦略からのゆらぎ、ないしは突然変異(mutant)の連続的、確率的な発生である。すなわち、戦略の補完性を無視して行動する主体の侵入である。すでに定義したように、進化的均衡とは、少数の、戦略的ゆらぎないしは異種の侵入から安定な均衡である。そうした均衡は、われわれのダーウィン的ダイナミクスには、複数個存在するのだった。しかし、進化的均衡も、人口のかなりの割合にのぼる集団的な変異が同時に起こると、他の進化的均衡に移行しうる。

第3図の数値例にたちかえろう。さらに、人口の嗜好は、総体として貨幣総所得の半分ずつをI産業とM産業の生産物に費やすようなものとしよう。すなわち、それぞれの生産物の最終需要の価格弾力性値が一の場合である。この時、J均衡において、人口の四・五%以上が同時に、その状況のもとでは進化的に適していない機能的技能形成に、戦略を突然変異的に変更すると、経済はP均衡に移行する。また、A均衡には、人口の七・〇%以上が同時に、それまで採用されていなかった可塑的技能形成に戦略を突然変異的に変更すると、同じようにP均衡に移行する。それに対し、P均衡

では、人口の二〇・五%以上が同時に、戦略を機能的技能形成から可塑的技能形成に変更しないとJ均衡に移行しないし、また同じく人口の一八・〇%以上が同時に、戦略を可塑的技能形成から機能的技能形成に変更しないと、A均衡に移行しない。

これらの、ある一つの進化的均衡から他の進化的均衡への移行のために最低限必要な、突然変異の総人口に占める比率を、前者から後者への「移行費用」とよぶ。以上の数値例は、第5図にまとめてある。

第5図　移行費用

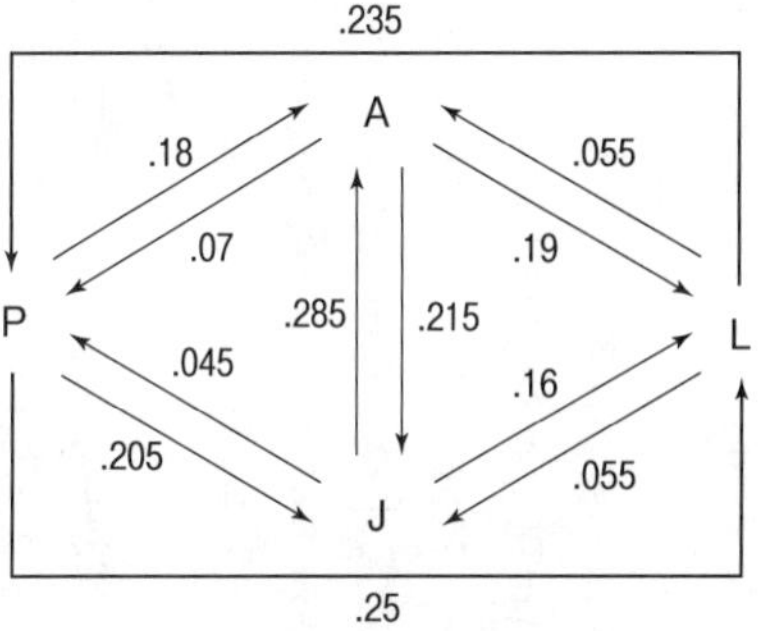

この数値例をみると、パレート最適なP均衡が一番、集団的な突然変異に対して頑健である。すなわち、そこからの移行費用が高い。事実、この性質は一般的にいえることであるが、その重要な理論的含意については、すぐ後段で述べることにする〔J均衡とA均衡からP均衡の移行に必要とされる突然変異の割合は、比較的小さいようであるが、それは、第3図（105ページ）の数値例において、ミス・マッチングのコストが、リスク支配的な戦略のマッチングのコストに比して極端に大

きく取られていることが一つの理由となっている」。また、技能の人口分布がまったく非対称的なA均衡からJ均衡、またはその逆の移行に要する費用はひじょうに高いことがわかる。

もう一度、繰り返して強調することになるが、進化的均衡とは、「少数」者の突然変異に対する安定性である。また一つの進化的均衡から他の進化的均衡への移行は、「かなりのサイズを持った一塊の集団(critical mass)」による「同時的」変異によってもたらされる。では、次に、人口の「すべて」の成員が、たえず「ごく小さい」確率で、進化論的計算から逸脱して、戦略上の実験を行うという状況を考えよう。すなわち、最適者の戦略を模倣するのではなく、可能な戦略の中から任意の一つをランダムに選ぶわけである。

こうした状況では、ごく小さい確率ではあるが、たまたま、一つの進化的均衡から他の進化的均衡への移行に必要なサイズの人々が、同時に、移行に必要な戦略の採択を実験するという事態が生じうる。その結果、経済は複数の進化的均衡のあいだを行ったり来たりするかもしれない。しかし、長期にみると、経済は大部分の時間をたった一つの進化的均衡の近傍で過ごすということになるかもしれない。われわれのモデルで言えば、パレート最適なP均衡が、攪乱に最も頑健であるから、経済がいったんその領域にはいると、そこにとどまる確率は最も高いという推測が成り立とう。

人口の数が有限・可算で、かつ戦略変更の時間が離散的なモデルについて、そのような推測を論理的に証明したのが、ジョージ・メイラス＝ラファエル・ロブという共同研究者と行った神取道宏の貢献である。それは、一九九〇年代前半における、ゲームの理論への最も目覚ましい業績の一つと国際学界では見なされている。しかし、この推測が、（連続数の区間によって表現するのが適当なような）大きな人口を持ち、かつ戦略的実験が連続的な時間軸にそって行われるようなモデルについても、成り立つか否かは、まだわかっていない。こうしたモデルでも、超長期的にはパレート最適なP均衡に移行・停留する相対的確率は高いかもしれないが、他の進化的均衡から出発すれば、移行に要する時間は、とてつもなく長いものとなるかもしれない。

神取らの研究結果が最も妥当な応用可能性を持つのは、彼らが例としてあげている、寮における学生たちのコンピュータ機器の選択にかかわるような、比較的少数の人々のあいだのコーディネーション問題であろう。大きな経済において分散的なランダムな実験が、均衡移行のような大きな変化を引き起こす現実的な確率はきわめて低く、彼らの理論的結果から一経済のダイナミクスに関して現実的含意を引き出すのには、慎重さが必要とされよう。むしろ逆に、現実の大きな経済においては、神取らが研究対象としたようなメカニズムの働きを抑制するような現象が生まれてくる可能性がある。いわゆる「制度化」の現象である。

補完的戦略のルール化としての制度

一定の歴史的初期条件から出発した経済のダイナミクスが、特定の戦略のあいだの補完性を強め、それに対応した均衡状態に接近していくと、その戦略の採択をルール化することが、さまざまな社会的・個別的費用の節約となろう。第一に、補完的な戦略の採用がルールとなれば、その採択に必要な、各個別経済主体による情報の収集や進化論的計算などの情報費用が節約されうる。第二に、異種の侵入や突然変異の発生を抑制することによって、均衡の攪乱（ミス・マッチング）から生ずる資源費用をも節約することができる。「制度化（institutionalization）」ということの一つの概念化として、そうした「補完的戦略のルール化」を考えることができる。本来は選択の対象である一定の戦略をルールとして強制するといっても、それが補完的戦略を反映したものであれば、その実施（implementation）は均衡の近傍において、個別経済主体の動機とおおむね両立的であろう。したがってルールの強制（enforcement）に必要な社会的費用は、上記の取引費用を下回る可能性がある。このような時、制度は存立可能となり、経済システムの安定に資することになる。

ルール化は一定の強制力を伴った法的制度として確立されることもあろうし、あるいは単なる慣習ないしは自発的な道徳的規制として定着する場合もあろう。たとえば、文脈的技能は労働者間の継続的な協調関係を通じて蓄積されうるが、年功序列・終身雇用というような組織慣習は、そうした文脈的技能の形成を労働者に動機づけるであろう。また解雇を難しくする法令の積上げも、雇用者による長期雇用のコミットメントを信じるに足るものとしよう。他方、アングロ・アメリカン・システムでは、特殊技能の訓練を目的としたＭＢＡプログラムや各種の職業訓練機関が制度化され、先任権という「職」の安定に関する所有権がコモン・ローによって認められている。こうした経済では、なんらかの特殊な機能的技能に投資することが経済的に高い利得を生み出すことは、誰にとっても自明のこととなる。実質的選択は、それぞれの特殊技能に対して制度化された市場の状況について情報を収集し、どういう「種類」の機能的技能の形成に投資したら一番純収益が高いか、ということに帰着するであろう。

いずれにせよ、一経済における制度の体系が、もともと、その基底にある進化ゲームにおける補完的戦略を反映したものであるならば、その体系の要素のあいだにも補完性が存在することになろう。すなわち、ある制度の働きは、他の制度の存在によって強められるであろう。こうしたことを、「制度的補完性（institutional complementarity）」とよび、その具体的分析を次の二つの章で行うことにする。制度的補完性が存在すると、ある制度要素を他の要素から独立に変更しようとしても、その有効性は限られてくる。制度体系は、あたかもひとつのパズル絵のごときものとして存在するので、その一片一片を勝手に取り替えれば、絵としての整合性が失われてしまうのである。このようにして、制度の体系は、本来、慣性的・保守的なものとなる。またそれは一定の進化的均衡の維持には資するが、異種の侵入や人口の技能選択におけるゆらぎをコントロールすることによって、パレート的に優れた均衡への自主的移行をも難しくする。

しかし制度体系は慣性的であるが、その基底にある経済ゲームの構造と環境は、生産技術や情報処理技術の発展、金融取引の国際化の進行によって変わっていくであろう。また教育制度や他の学習機会の拡延、コミュニケーション技術の発展、戦略の実験に対する道徳的寛容度の増大、人口の国際間移動などによって、人口の技能形成の分布やその動機にも変化が生じてこよう。これらのことによって、潜在的な進化的均衡の位置には変動が生じよう。少なからぬ人々は、新しいタイプの組織型の形成を望むようになるかもしれない。しかし、それを可能にする技能タイプのマッチングは、組織の慣性やそれを支える制度の体系によって阻《はば》まれるかもしれない。つまり、人口の（潜在的な）技能分布が可能にしうる組織型の均衡と制度的慣性のあいだにはズレが生ずるかもしれない。

この点で、皮相ではあるが、技能形成の型を遺伝子型に、組織型を表現型に、類推することが一定の示唆を与える。最近の遺伝進化学の成果によれば、表現型の顕著な変化なしに、遺伝子タイプにはかなりの突然変異が潜在的に蓄積されているという。それらの変化の多くは、進化的には中立的であるか、劣性であるとしてもその程度が低い。しかし環境が大きく変われば、潜在的に蓄えられていた変異遺伝子がより高い適応力を持つようになり、新しい表現型を突如として生成する可能性があるとされる（木村資生）。社会にも、前に述べたような理由により、支配組織型の底流に、潜在的技能分布の変化が蓄積されることがあろう。しかし、経済において技能変化の蓄積が潜在的にとどまるのは、生物界におけるように、それが進化に対して中立的であるというよりは、制度慣習のメカニズムが組織型変化の引き金を抑制しているからであろう。

このような時、人々のあいだには、組織型の進化、多様化の必要性が少なくとも漠と実感されることになろう。しかし、組織型の多元化は、現存の組織慣習を支える補完的な制度要素の同時的、ないしは継起的な変化なくしては難しい。したがって効果的な制度変化には、人口のかなりの部分にわたる、将来変化の可能性についての期待形成のコーディネーションが必要となるであろう。すなわち、社会の企業家精神の発揚に、制度進化の可能性は大いに依存することになる。しかし、人々の将来期待がうまくコーディネートされなければ、彼らの現在行動は既存の制度補完性によって条件づけられ、保守的慣性が支配することとなる。

第4章　コーポレート・ガバナンスをめぐる制度補完性

会社コントロール市場の一般的後退

日本でも、つい最近までは耳慣れなかったコーポレート・ガバナンスという概念が徐々に注目を集めはじめてきた。本来、「コーポレート・ガバナンス」構造とは、英米では、文字どおり、法人組織としての株式会社における株主・経営者の権限・義務の配置を規制する法的構造を意味した。もっと特定化していえば、商法上、契約の主体たりうる株式会社の債務に、出資額を限度として有限責任を負っている株主が、その代理人である経営者の挙動をいかにコントロールするか、その制度的構造を扱う法律的概念であった。英米でも最近コーポレート・ガバナンスの問題が経済学者のあいだでもにわかに強い関心を引くようになり、一九八〇年代後半以降、この主題に関する学際的な会議が主要な大学などで開かれている。またOECDの科学技術産業局が一九九五年の冬に、先進諸国間でのコーポレート・ガバナンス構造の経済的パフォーマンスに与える影響の比較を目的とした国際会議を招集したし、世界銀行も移行経済のコーポレート・ガバナンスについていくつかの研究プロジェクトを組織している。コーポレート・ガバナンスの問題は、市場経済における重要な制度問題として、世界的に一様の関心を呼び起こしているのである。

この章では、日本のコーポレート・ガバナンス構造を扱う。また第6章では、世界銀行開発研究所で行われた国際的なプロジェクトの成果に依拠しながら、「移行経済におけるコーポレート・ガバナンス」の問題を考える。基本的視点は、上に定義したような英米法的な概念枠組みは、コーポレート・ガバナンスの問題をより本質的に、また比較制度分析的に扱うには、あまりに特殊に過ぎるということである。

株主は株式会社の債務に対して有限責任を負っているのと裏腹に、会社の収益から全債務を控除した剰余に対する請求権をも有している。したがって、この剰余が最大になるように(同じことであるが損失を最小化するように)、株主が会社経営者の行動をコントロールすることは、一見理に適《かな》っているように思われる。しかしわれわれは、経済学的な観点から、企業組織が全体として生み出す経済的価値すなわち「企業の価値」が最大化されるように運営されるのが望ましい、という命題を大前提としよう。問題となるのは、そのことと、「(株式)会社の価値」、すなわち株主にとっての将来剰余の現在市場価値(株価)、を最大化するということとは、かならずしも一致しないということである。

どういう条件のもとで、企業の経済価値と株主にとっての「会社」の市場価値の最大化は一致するのだろうか。いま仮に、企業の実際の生産・経営活動に参加する人々のサービスやその他の生産要素のそれぞれについて完全競争的な市場が存在し、それらの経済価値は企業に外生的に定まるとしよう。そして、それらのサービスの供給者と企業のあいだには、市場価値評価にもとづき明示的な雇用契約や供給契約が結ばれうるとしよう。この場合、企業の総収益からそうした契約的支払いの総額を差し引いた剰余、すなわち株主にとっての収益を最大化することは、とりもなおさず、企業全体が生み出す価値の最大化と同じこととなっている。もちろん、現実に生み出される剰余が、この場合でも最大化されているとはかぎらない。たとえば、経営者や労働者が仕事のうえで、契約外の浪費や消費を意識的、無意識的に行っているかもしれない（いわゆるモラル・ハザードの問題）。また、経営者が無能で、利益のあがらない投資計画を実施したり、あるいは潜在的に収益性のある投資機会を見過ごしているかもしれない。しかし、そうした可能性を是正しうるようなメカニズムが存在すればよいわけである。

こうした観点から、会社の所有権は、単に剰余の請求権ばかりでなく、株主総会に出席して会社の基本政策の決定に参加する権利、経営者を直接あるいは（取締役会の任命を通じて）間接に任命する権利などを束ねたものとして存在することになる。さらに、そうした束自体が、不可分のものとして市場で売買されるようになる。いわゆる「会社コントロールの市場」の形成である。この時、もし経営者のモラル・ハザードや無能により、会社の価値が最大化されていないことを察知した投資家がいれば、市場でその会社のコントロール権を取得しようとするインセンティブを持つことになるだろう。会社コントロール権を手にいれ、経営者の首をすげ替えるなどして問題を是正すれば、会社の現在価値を越える利得を手に入れうる機会が存在するからである。こうした新古典派経済学的論理が根底となって、英米では、投資家による会社コントロールの可能性をいかに法的に保障するかという観点から、コーポレート・ガバナンスの問題が伝統的に論じられてきた。しかし、なぜコーポレート・ガバナンスの問題が、改めて世界的に議論されはじめたかというと、この新古典派的論理の妥当性が疑問とされるような事態が、ここかしこに生じつつあるからである。

一九三〇年代におけるバーリ＝ミーンズの著作以来、株式所有の拡散から生ずる株主の経営コントロールの困難性が注目を浴びてきた。しかし、もし十分な資金動員力、情報処理能力を持つ投資家がいれば、株式所有の拡散は、それ自体、会社コントロールの市場としての株式市場の有効性を失わせるものではない。事実、英米では一九七〇年代から一九八〇年代にかけて、株式市場を通じる会社の取得が盛行したが、なかには金融市場からの借入金による取得（LBO）も少なくなかった。しかし、一九八〇年代の後半になると、会社コントロールの市場自体の有効性を制約するような現象が数々登場してきた。

一つは、俗に「毒薬《ポイズン・ピル》」とよばれる、経営者によるテーク・オーバー（乗っ取り）対抗策の発展である。これは、テーク・オーバーが仕掛けられた場合に、負債を増大させるなどの緊急財務策を発動して、株主資産を減少させてしまうような手をあらかじめ用意しておくことをいう。テーク・オーバーを仕掛けたものは、こと志に反して、毒薬を飲まされる結果に陥るわけである。第二に、アメリカにおいては会社法の立法責任を持つ州議会の多くが、一九八〇年代に、会社経営者は株主のみでなく、その他のステーク・ホルダーに対しても負託義務（fiduciary duty）を負っているという趣旨の法改正を次々と行った（同様な会社法改正は、一九八〇年代の初めに英国においても導入されている）。これらの改正は、もともと盛行するテーク・オーバーによる地域社会に対する社会的影響を憂慮して導入されたものであった。しかし、アングロ・アメリカン・システムの法的枠組みのもとでは、経営者が会社価値を増大させる会社買収のオファーを拒絶しても、株主による背任行為の法的追及から逃れうる法律的根拠を得ることになった。

第三に、個人株主の保有率が急速に低下し、かわって年金基金、ミューチュアル・ファンドなどの機関投資家の保有率が増大したことである。これらのファンドは、リスクを軽減し、平均収益を高めるべく、株価指数《インデックス》に大部分の資産を投資しているため、個々の会社のマネジメントをモニター（監視）するインセンティブを持たない。ある産業における会社Aの経営の失敗は、会社Bの経営の成功によって相殺されうるからである。逆にミューチュアル・ファンドが、ある会社の経営モニタリングを強化するために株式保有を増大させると、その会社を子会社化したものとして、ミス・マネジメントの法的責任を問われる可能性が生じてしまう。したがって、カリフォルニア州公務員年金基金や大学教員退職株式基金など代表的な半公共的基金を除けば、多くの機関投資家は、企業モニタリングにおいて積極行動をとっていない。しかしながら、それらの機関投資家は、全体として上場会社の過半数の株式を所有するにいたったとみられている。

英米において、コーポレート・ガバナンスの問題がにわかに注目を浴びるようになったのは、こうした会社コントロールの市場の有効性に関して数々の問題が提起されたからであるが、それはまた日本などにおいて、英米系コーポレート・ガバナンスの法理論を機械的に適用することの妥当性をも疑わせるのに十分であろう。アングロ・アメリカン・システムにおいてすら、コーポレート・ガバナンスの実態は新古典派的（ワルラス的）規範からますます乖離しつつあるのである。

日本では、周知のとおり、戦争直後の財閥解体の過程で、旧財閥家族や持株会社所有の株式は、当該会社の従業員や主要事業所の所在地の住民に優先販売するという整理方針がとられたため、一九四九年の株式市場の再開時には、表面上、上場株式の七〇％が個人によって保有されていた。しかし、これらの個人による株式購入の多くは、実際には会社が購買資金を手当したりしたものであった。引き続く株式市場の不振の過程で、これらの株式の多くは個人の手から離れていった。しかし、法律的に会社による自己株式保有および純粋持株会社の設立は禁止されていたため、それらの流動株式は、証券会社の斡旋《あっせん》などをつうじて、会社の友好株主によって引き取られていくこととなった。さらに、政府による戦時補償の打切りによって生じた不良債権の整理の後に、資本金を充実させるべく新規に発行された株式も、これらの友好株主によって多く引き受けられていった。こうして、いわゆる「株式持合い」という現象が生じた。一九五〇年代末の時点で、銀行などの金融機関による保有は上場株式の二〇

%、その他の法人会社による保有は一五%内外に及んだ。

株式持合い形成の最初の引き金となったのは、財閥解体後、丸の内ビル街の三菱系不動産を所有管理していた陽和不動産（三菱地所の前身）に対して、一九五二年、藤綱久二郎という一個人投資家が試みた乗っ取りの企てだった。緊急対抗策として旧三菱系の一一の主要企業が結束して、陽和不動産株式の分散保有をグループとして講じたのである。このエピソードからも明らかなように、経営者主導による株式持合いの主要な直接動機は、敵対的テーク・オーバーに対する対抗であった。事実外国人による株式取得が自由化された一九六〇年代半ばに、株式持合い比率はさらに飛躍することになる。

かくして日本では、新古典派的な会社コントロールの市場は、支配的な制度としては舞台から姿を消すことになった。代わりに登場したのが、いわゆるメインバンクを中心とした法人株主の安定保有である。新古典派的なコーポレート・ガバナンスの論理とはいささか異なった構造がここに現出することになった。しかし、その効率性（企業価値最大化）に対する含みはどのようなものであろうか。この問題を考えるには、コーポレート・ガバナンスの問題を、単に株主と経営者のあいだの法的関係としてのみ見るのではなく、企業の内部構造や、それを取り巻く金融制度や労働市場の制度との総体的な関連において見ることが必要となる。

日本企業ははたして従業員管理企業か

日本には会社コントロールの市場が機能していない。銀行その他の安定株主は、少なくとも、会社の財務状態が危機的でないかぎり、会社の経営にさして口を挟まない。社長（最高経営者）は形式的には取締役会によって選出されるにしても、普通、退任する前任者が後継者として選んだ人がほぼ自動的に承認される。しかもその後継者は会社内部の昇進階梯を登り詰めてきた経営者のプールの中から選択される。株式総会は形骸化しており、また株主による代表訴訟や、委任状獲得にもとづく経営者への挑戦も制度化されていない。こうしたことを見て、日本企業は事実上、内部の従業員の利益に従って運営されているとみる人が多い。経済学者の中にも、日本企業の市場行動を、従業員管理企業のモデルに従って説明しようという人が少なからずいる（伊丹敬之ほか編『日本の企業』、第一巻にそのような論文が数多く収められている）。従業員管理企業のモデルとは、株価の最大化の代わりに代表的従業員の利得（たとえば従業員一人あたりの所得）の最大化を目的関数とした企業モデルのことである。

ベルギーの代表的数理経済学者であるジャック・ドレーズは、従業員管理企業経済においてすべての財の需給が一致し、またすべての労働者の所得が均等化するときに成り立つ一般均衡の状態（そのような経済には、ワルラスの意味での競争的な労働市場は存在しえないことに注意）は、ワルラス・モデルにおける市場の一般均衡の状態と同等であることを証明した。この証明によって、唯一神としてのワルラス均衡の普遍的存在は、企業制度の違いを越えて保証されたかにみえる。しかし、そうした均衡が近似されるようなメカニズムは、実はひじょうに非現実的なものである。もし、ある企業における従業員所得が他のそれに比べて高いと、後者から前者に労働者が移動するばかりでなく、前者の企業が支払う資本財のレンタル価格も引き上げられなければならない。もし、そのような調整メカニズムが予想されるならば、なぜ、労働者は企業の生産性を上げるべく努力を払うだろうか。

従業員管理を制度化して実践した旧ユーゴスラビア経済の破綻を見るまでもなく、企業の従業員と経営者の連合による「インサイダー・コントロール」には、ひじょうに大きなインセンティブ上の問題がある。もし、経営者が本当に現役従業員の利益に従って行動しているとすれば、収益を将来世代の従業員のために投資するより、現役従業員に分配しようとするであろう。また、外部の投資家のコントロールから自由な経営者が自分自身の帝国を築き上げようとして、従業員に利益を分配して歓心を買うこともありえようし、また必要以上に豪華な建物や仕事のうえでの消費に浪費するかもしれない。さらに、こうした危険性がチェックされえないならば、いわゆる投資の「代理人コスト」が高くなり、外部投資家は資金を経営者に委託することを差し控えるであろう。すなわち、投資資金を貸し出せば貸倒れの危険があり、投票権の付随しない優先株式として融資すれば、インサイダーは自己消費によって配当金を減らそうとするだろう。結果として、従業員管理企業は、外部からも成長資金を期待できないことになる。こうしたインサイダー・コントロールの非効率性は、後に第６章で見るように、共産主義の国有経済が市場経済に移行する過程で、実際にひじょうに大きな問題となりつつあるのである。

インサイダーの仕事上の浪費または努力の欠如は、日本企業にもみられないわけではないが、それが旧ユーゴスラビアやロシアなどのように、経済全体の効率性に由々しい損害を与えるほどの程度のものであるとは思われない。非効率的なインサイダー行動をチェックするなんらかの外部メカニズムが働いているに違いないのである。しかしそうした外部のモニタリング・メカニズムが有効であるためには、それが他の日本企業の特徴、なかんずく、これまでにみた内部情報構造の特質と整合的でなければならない。というのは、インサイダー、すなわち経営者とその他の従業員が、潜在的に仕事のうえでの浪費を行ったり、仕事を怠けたりしうるということは、次のようなインサイダーとアウトサイダーのあいだの「情報上の非対称性」を根拠にしているからである。すなわち、アウトサイダーには、インサイダーの意図的な行動の結果と彼らが直接にコントロールしえない不確実な環境の影響とをよく識別できないということである。したがって、インサイダーの非効率的な行動を直接モニターによって抑制しようというのは、それ自体きわめてコストのかかるものとなる。むしろ、適当なインセンティブ契約の設計によってその自発的抑制を期待することのほうが有効であろう。しかしインセンティブ契約は、不確実な環境的影響の背後に隠される行動をコントロールしようとするものだけに、そうした環境情報を処理する内部メカニズムの在り方と無縁には設計されえないであろう。

すでにみたように、日本企業は外部の不確実環境に関する情報の共同処理を高い程度で内生化しているので、経済学でいうチーム生産に固有のインセンティブ問題がより尖鋭な形で存在する。すなわち、各個人の権限や、したがってチーム生産に対するその貢献度が曖昧であるために、各個人はその努力の支出を惜しんでも、それが他にははっきりと識別されないかもしれない。したがって、各個人には他人の努力にただ乗り《フリーライド》しようというモラル・ハザードが生じる。これは、機能的に職分が明確に分割された内部組織には生じない問題である。

チーム生産における各個人の努力は、アウトサイダーや経営者にはなかなか判定できないとしても、同じチームのメンバーにはある程度識別できるということがあるかもしれない。こうした観点から、日本企業の内部に働くインセンティブ・システムの本質を同僚間のモニタリングとしてとらえた分析に、それぞれ定式化は異なるが、奥野正寛、伊藤秀史の業績がある。しかし、そうした同僚間のモニタリングや職場における努力規準の制度化も不完全でしかありえないかもしれない。それならば、チーム生産におけるモラル・ハザードの問題を外部からコントロールしうるメカニズム、コーポレート・ガバナンスの構造は存在しうるであろうか。この問題を、次節においてまず分析的に論じ、続いてその含意を日本企業におけるコーポレート・ガバナンスの働きの解釈に応用しよう。

チーム生産と「状態依存的ガバナンス」

まず最初に、純理論的に、企業は一つの労働者チームと経営者からなるとしよう。企業の産出量は、チームの各メンバーの努力水準とチームが直接にコントロールできない不確実な環境事象の結合結果によって定まるとしよう。チームは生産のために必要な金融資源の供給を、外部の多数の投資家に依存する。これらの投資家は投資に対し、一定の期待収益率（以後外生的収益率とよぶ）を要求するが、チームの各メンバーの個別努力はもちろん、その実現産出量さえ、観察できないとする。チームメンバーは労働支出に対し貨幣所得によって補償されねばならない不効用を感ずるが、経営者は、チームメンバーのあいだの互酬活動を促進するよう努力する。しかし、それは不完全にしか達成されないとしよう。すなわち、各メンバーの努力の増加は他のメンバーの努力増加を誘うが、それは不十分にしか応えられない。もし、各メンバーの努力の増加が他のメンバーにまったく同等の努力増加を誘発しうるならば、このチームはあたかも一個人のように行動することになる。そうした場合には、チームのモラル・ハザードのコントロールは簡単である。もしメンバーに富の制約がなければ、チームの産出量のいかんを問わず投資家には外生的収益率を保証し、チームメンバーに剰余請求権を与えれば、最善の努力水準を彼らから引き出しうるからである。しかし、そうした完全な努力の互酬は、同僚間ないしは経営者のモニタリングの不完全性のゆえに不可能である状況を考えるのである。またチームの産出量が極端に低い場合、そこから外生的収益率を控除した剰余は、チームメンバーの生存に不十分であるという事態をもたらすであろう。そうした場合、チームメンバーの生存を可能にする最低所得の保証のメカニズムも必要となる。

こうした事態の中で、多数の投資家たちは、期待収益率の獲得を一代理人《エージェント》に委託するとしよう。この代理人は、そうしたサービスのために、一定率の報酬を要求するが、それは投資資金を必要とするチームによって支払われるとしよう。この代理人は、いうまでもなく、チームメンバーの努力水準を観察することはできない。ただ、その最終産出量は観察できるとする。この代理人を「事後的モニター」とよぼう。不確実な環境事象が発生した後に確定する産出量をモニターしうるという意味である。チームの経営者は、この事後的モニターとのあいだに、投資家たちに対する支払いのスケジュール（予定表）と事後的モニターに対する報酬支払いのスケジュールについて契約を結ぶ。後者はチームの産出量に依存しうるが、投資家たちはチームの産出量を観察できないので、そのスケジュールはすぐ後にみるような、彼らにとっても観察可能な、より簡単な情報量に基づいたものでなければならない。

これらのアウトサイダーに対する契約的支払いのスケジュールと両立可能な形式で、経営者はチームメンバーともその報酬スケジュールに関して契約を結ぶ。チームメンバーの生産性はチームに固有のものとする。すなわち、それは、チームから離れて移動可能ではない。もしチームが解散すれば、旧チームメンバーの外部所得獲得可能性は、現チームのもとで可能な期待所得より低くなると予想される。外部投資家は、チームの産出量は観察できないが、チームの解散という異常な事態は観察できるとしよう。

経営者は、チームメンバーのために、これらの一連の制約条件のもとで、所得から引き出される期待効用と努力支出によって余儀なくされる不効用の差を最大化するような、セカンド・ベストの努力水準を各人から引き出す目的をもって、投資家、事後的モニター、チームメンバーに対する契約の束《ネクサス》をデザインするとしよう（経営者自身はチームメンバーの所得と比例的な所得を獲得し、またチームメンバー間の努力互酬を促進する活動によって不効用の支出を余儀なくされるとする）。そのようなセカンド・ベストな契約の束はいかなる形状を有しているであろうか。この問題を一つの制約条件つきの動学的最大化問題として解くと、その解は次のような興味ある形をとる（第6図参照）。

まず、各期末におけるチームによる可能な産出量の領域が三つの部分領域に分けられる。産出量の高いほうから、「インサイダー・コントロール領域」、「アウトサイダー・コントロール領域」、「解散領域」である。最初の二つの領域を分ける特異点をコ

第６図　状態依存的ガバナンス

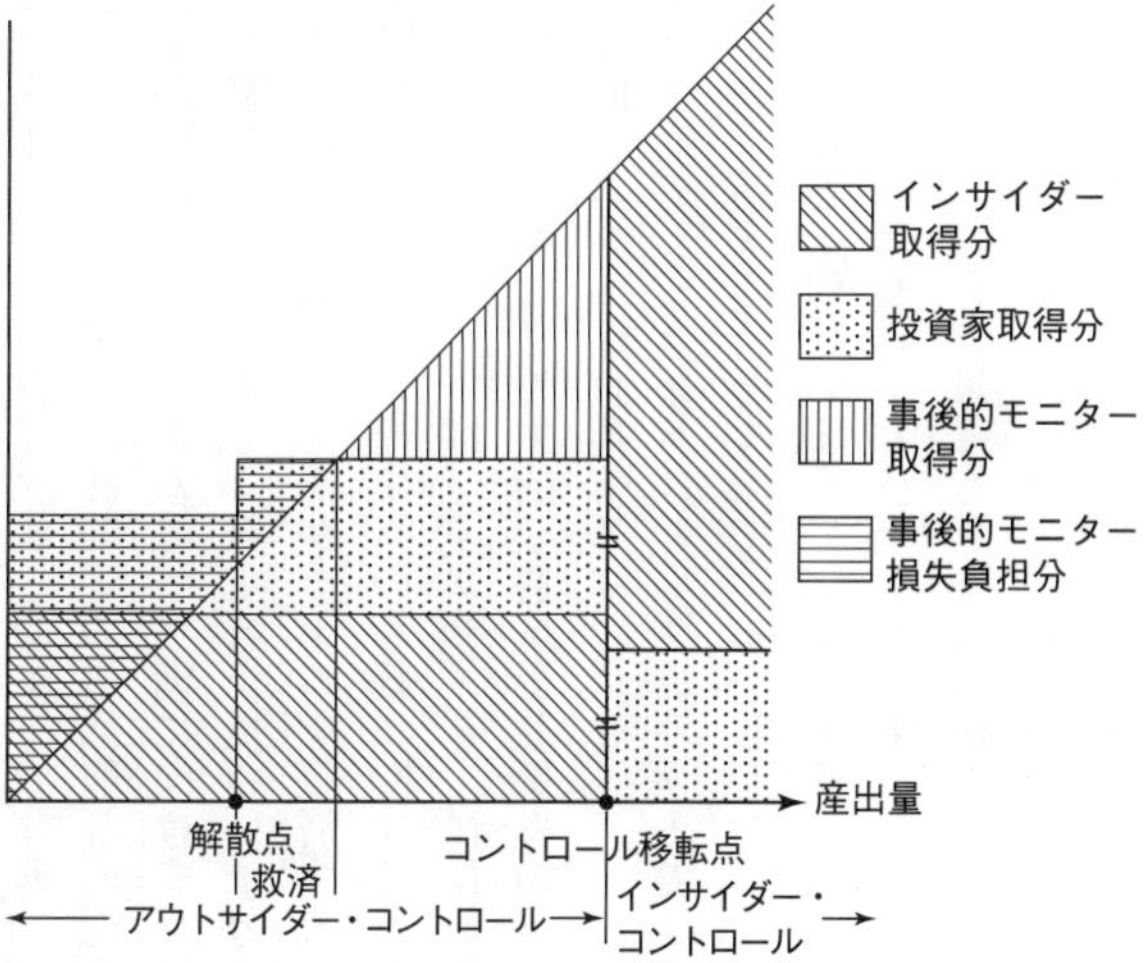

ントロール移転点、最後の二つの領域を分ける特異点を解散点とよぼう。各経済主体に対する支払いスケジュールは各領域のうえで次のように特定化される。

○インサイダー・コントロール領域　外部投資家に外生的収益率を越えた一定の利率が支払われる。剰余は、チームメンバーのあいだで分配される。事後的モニターは、投資家として一定の利率を得るのみである。チームは、次期に向けて存続する。

○アウトサイダー・コントロール領域　産出量のコントロール権が事後的モニターに移転する。事後的モニターは、インサイダー・コントロール領域におけるのと同率の利率を投資家に支払い、インサイダーには一定の最低保証所得を支払うのみである。残余は事後的モニターが取得する。チームは、次期に向けて存続する。この領域の下辺では、産出量が投資家とインサイダーに対する支払いに十分ではなく、残余は負になるかもしれない。これは事後的モニターがチームを救済する場合に相当する。

○**解散領域**　産出量とチームの存続に関するコントロール権が事後的モニターに移転する。事後的モニターは、インサイダーには最低保証所得を支払ったのち、チームを解散し、投資家には外生的収益率より低率の支払いを行う。支払い後の産出量不足分は事後的モニターが負担する。

インサイダー・コントロール領域のうえでは、従業員管理企業のように、インサイダーが剰余請求権者となっている。しかし、産出量の全域でインサイダーが剰余請求権者となると、前述のように、個々のチームメンバーが他のメンバーの努力にただ乗りしようというモラル・ハザードが生じる。また産出量が低いと、インサイダーの最低所得支払いの必要量にも及ばないかもしれない。この二つの理由で、産出量がある特定点、すなわちコントロール移転点を下回ると、剰余請求権（損失負担責任）はアウトサイダー、すなわち事後的モニターに移転する。このメカニズムのもとで、インサイダーは産出量が低ければチーム解散によってメンバーシップを失い、その場合には劣等な外部機会しかないから、努力発揮のインセンティブを与えられる。そして、他方では最低所得支払いの保証をも得るわけである。しかし、そうした所得保証のプレミアムとして、インサイダーは、産出量がまだ正の剰余を生み出しうる点で、それに対する請求権を事後的モニターに委譲しなければならない。このコントロール移転点は当然、事後的モニターがそのサービスに要求しうる報酬量が高ければ高いほど、すなわちその交渉力が高ければ高いほど、高くなる。

チームの存続した場合と解散させられる場合に、外部投資家に対する支払い利率に差をもたせるのは次のような理由による。すなわち、解散によって事後的モニターが節約しうる外部投資家への支払い総量が、ちょうどインサイダーが解散によって失う期待将来継続雇用価値に等しいとしよう。すると、産出量が解散領域に落ちるほど低くなった場合にも、インサイダーが事後的モニターを買収して解散を避けようという試みは不可能になるわけである。経済学では、このことをテクニカルに、解散回避の「再交渉防止（renegotiation proof）」という。こうしておけば、解散措置に対する事後的モニターのコミットメントが信じるに足るものとなり、デザインされた契約の束のインセンティブ効果が保障されるのである。しかしこのことは、逆に、事後的モニターにそのコントロール領域の下辺で、チームを救済する代わりに解散するというインセンティブを生むことになる。それによって、損失の負担量が節約されるからである。こうした事後的モニターの逆インセンティブをいかにコントロールするかという問題は、次章で新たに分析する。

状態依存的ガバナンスとメインバンク

さて、以上に特定化された最適契約の束は、剰余請求権とチーム存続決定のコントロール権を、最終産出量の状態に応じて、インサイダーとアウトサイダーのあいだで移転させるという点で、チーム生産の「状態依存的ガバナンス」を定義しているといえよう。ところでこのようにして定義されたガバナンスの構造は、一九七〇年代の半ばまでの日本企業とメインバンクの関係に著しく類似していることに、読者は気づかれたであろう。すなわち、一般家計の多くは、銀行預金を通じて安全な預金利率を獲得することを金融資産の主要な運営手段として選択していた。銀行は協調融資によって企業の旺盛な金融需要に応えたが、そこから期待される収益率の確保は、借入企業のメインバンクに委託されていた。企業の財務状態がきわめて良好なかぎり、企業のメインバンクに対する交渉力は強く、その利率支払いは相対的に低めであった。また、メインバンクが企業経営に細かい干渉を及ぼすこともありえなかった。しかし、財務状態が通常の場合、メインバンクは歩積み両建て預金高の操作などを通じて、より高い実質支払いを要求することができた。また、企業の主要決済口座の運営やその他の金融サービスを通じて、メインバンクに特有な利得を獲得することもできた。またメインバンクは、そうした企業に対し経営者を送り込むなどして、自行の行員に対して有利な経済機会を与えることもできた。

しかし、いったん融資企業が財務困難に陥るや、その措置の責任はメインバンクが負うことが暗黙の内に了解されていた。企業の財務上の困難が一時的なものであり、再建の可能性があると判断された場合には、その救済と従業員の雇用保障に必要な費用の支出はメインバンクの責任とされた。また他の銀行の融資回収の安全も、メインバンクが保障しなければならなかった。しかし、企業に再建の見込みがないと判断された場合には、メインバンクは、それを清算したり、あるいは他企業に吸収させるという措置をとった。こうした場合にも、解雇従業員の再雇用は、メインバンクが面倒をみることが多かったが、従業員も劣等な再雇用条件を受け入れるなど、企業失敗のペナルティを科せられた。また他の銀行も清算費用の一部を負担させられた。困難企業の救済は自動的なルールではなかったのである。

かくして、一九七〇年代の半ばまでの日本企業のコーポレート・ガバナンス構造は、メインバンクが事後的モニターとしての役割を果たす状態依存的ガバナンスと特色づけられよう（それ以後、その構造にどのような変化が生じたかについては、次節で述べる）。それは、どのような点で、会社コントロールの市場を通ずるコーポレート・ガバナンス構造と相違しているのであろうか。市場を通じる場合、テーク・オーバーの仕掛けも、会社の市場価値、すなわち株価が潜在的に可能な水準より下落していないかぎり、経済利益がなく、したがって発動されないという点では、会社の財務状態に依存する。しかし、会社の財務状態が不良でなくとも、取締役会が最高経営者をアウトサイダーから選択することはまれではない。また財務状態が悪化しても、それが潜在的なテーク・オーバーの仕掛け人に察知されるまでには、時間がかかるかもしれない。また、テーク・オーバーが行われたとしても、従業員の雇用が保障される可能性はない。事実、アンドレイ・シュライファー＝ロバート・サマーズは、アメリカのテーク・オーバーによる会社価値の増大の多くの部分は、従業員と前経営者の間にあった暗黙の契約の破棄によってもたらされたことを統計的に実証している。財務状態が悪化し、株価が下落するという事態が生じたときに、誰がテーク・オーバーを仕掛け、成功するかは、事前に確定するべくもないから、前もって再建可能な状態における雇用契約を締結することはできない。

これに対して、メインバンクによる状態依存的ガバナンスでは、企業の財務状態が悪化したときに、誰にコントロール権が移行するかは前もって明らかとなっている。したがってメインバンクは、企業の財務状態の状況に対して不断のモニタリングを怠らないであろう。もし、財務状態の悪化の察知が遅れれば、それだけ自己が負担しなければならない企業再建ないしは清算の費用が増大する可能性があるからである。また、次の章でみるように、適切なインセンティブがメインバンク自身に与えられるならば、状態依存的な救済ないしは清算に対するそのコミットメントは信じるに足るものとなる。その結果、一時的困難からチーム生産性の保存を保障することが可能になる一方で、チーム生産に固有のインセンティブ問題もコントロールされることが期待される。メインバンクによる状態依存的ガバナンスは、情報共有にもとづく内部組織を内包した日本企業に、まさに適した枠組みを提供していたということができよう。

さらに、状態依存的ガバナンスの含みとして興味のあることは、セカンド・ベスト契約の束に関する厳密な比較静学分析によって得られる、次のような性質である。チームが解散された場合にチームのメンバーが期待する再雇用価値が減少すればするほど、セカンド・ベスト契約における解散点は上昇し、またそのもとでのチームメンバーの努力水準が上昇する（ファースト・ベストの水準に近づく）。すなわち、再雇用市場の条件が不利になればなるほど、状態依存的ガバナンスのインセンティブ効果は強化される。これをメインバンク制度の文脈でみると、不完全な労働市場とメインバンクの状態依存的コントロールのあいだには、チーム生産のインセンティブ効果に関して、制度的な補完性が存在するということができよう。いうまでもなく、日本経済においては、会社コントロールの市場の後退と双対《そうつい》的に、存続困難な企業から分離された労働者の再雇用市場もきわめて不完全なものであった。会社コントロールによるコーポレート・ガバナンスの効率性は、完全競争的な労働市場の存在をまってはじめて保障されるのと、まったく対照的である。

企業の資本蓄積と内外相対交渉力の諸位相

前節でみた状態依存的ガバナンスの有効性は、企業の自己金融力や銀行金融以外の代替的金融機会の状態に依存する、企業と事後的モニター（メインバンク）のあいだの交渉力に応じて変化する。セカンド・ベスト契約においてその実現の確率が最大化されるような産出量を「最尤《さいゆう》産出量」とよぼう。この定義に基づいて、企業と事後的モニター（メインバンク）の関係を次のような三つの位相に分類しよう。この分類は、後に移行経済におけるコーポレート・ガバナンスの問題を論じるとき（第6章）にも有用となる。

○疑似ソフト予算制約　生産チームの生産性はひじょうに低い。しかし、事後的モニターの要求報酬も低いので、最尤産出量のもとで、事後的モニターは剰余請求権を主張しない。しかも事後的モニターが産出量の不足を補塡する確率が高い。

○強い外部コントロール　事後的モニターの生産チームに対する交渉力が相対的に強く、最尤産出量において、事後的モニターが剰余権者となる。

○弱い外部コントロール　事後的モニターの生産チームに対する交渉力が相対的に弱く、最尤産出量において、インサイダーが剰余権者となる。

セカンド・ベスト契約は、三つの位相のそれぞれにおいて、生産チームと事後的モニターのあいだの交渉力関係の変化や、チームの生産性の向上に反応して、どのように変わっていくであろうか。比較静学分析の結果を次にまとめてみよう。

まず第一の位相では、事後的モニターが獲得しうる剰余が増大するのは、インサイダーのインセンティブを弱め、それによって事後的モニターが産出量をコントロールしうる確率が増大する場合である。したがって、この位相でインサイダーのインセンティブを刺激するには、事後的モニターはあまりに高い報酬水準を要求すべきではない。しかし生産チームの生産性が徐々に高まるにつれ、事後的モニターへのコントロール移転点や解散点を徐々に高めていくことが最適となり、それに応じてチームメンバーのインセンティブも高まっていく。

第二の位相では、事後的モニターの剰余請求権の弱化（強化）とチーム生産性の増大は、インサイダーに対する状態依存的ガバナンスのインセンティブ効果を強める（弱める）。チームメンバーの剰余獲得の余地が広がる（狭まる）からである。逆に第三の位相では、事後的モニターの交渉力の弱化は、インサイダーに対する状態依存的ガバナンスのインセンティブ効果を弱める。この場合、インサイダー・コントロール領域があまりに大きく広がるので、事後的モニターへのコントロール移転によるペナルティの可能性が減少し、インサイダー同士のあいだでただ乗り《フリーライド》の動機が増大するからである。しかし、この位相においても、状態依存的ガバナンスのインセンティブ効果は、生産チームの生産性の向上によって強められる。

これらの比較静学分析の結果は、日本における企業＝メインバンク関係の推移を解釈するうえで、きわめて示唆的といえよう。第二次大戦終了直後、企業は、政府の戦時補償の打切りやインフレーションの高進によってその資本基盤は弱まっていた。したがって銀行は企業に対し、第一の位相のように、過度の剰余請求をできない立場にあった。むしろ、企業の財務危機を支えるための緊急融資に出動することも度々であった。そうした銀行の協調的態度が、企業に自立から生じうる利得を獲得する努力インセンティブを与えたといえよう。

一九五〇年代の銀行系企業グループの再編を通じて、銀行は、高度成長に向けて旺盛な資金需要を求めつつあった企業に対して、その相対的交渉力を高めていった。こうした位相では、資本の自己蓄積を進めることによって銀行の過剰介入を低下させうるという展望は、企業のインサイダーに強い努力インセンティブを与えた。そうした努力の結果、資本の自己蓄積がしだいに進むという成長の好循環が生じた。この局面は、メインバンクによる状態依存的ガバナンスが全体としては最もよく機能した時期といえよう。

しかし、一九七五年を境にして、企業の減量経営努力と成長率のスローダウンによって、銀行の企業に対する優越性には劇的な変化が生じた。もはやそれ以後、銀行は歩積み両建てなどを通じて、メインバンク・レントを要求しうる立場にはない。こうした第三の位相にもたとえられる状況で、企業がユーロ債券市場などの外部金融機会を利用することによって、銀行に対する相対的交渉力を強めれば強めるほど、メインバンクによる状態依存的ガバナンスのインセンティブ効果は低下することになった。

しかし、バブルの破綻を経た現在、保険的機能とインセンティブ機能を結合した状態依存的ガバナンスの使命は最終的に終結したのか。日本企業はチーム生産的側面を依然として維持しているし、理論的にはそうした企業に対し、会社コントロールの市場は補完的なモニタリング機能を提供しえない。またすでにみたように、アングロ・アメリカン・システムにおいてすら、会社コントロールの市場の機能は後退しているのである。では、なんらかの仕方で、状態依存的ガバナンスは改革しうるのだろうか。銀行が依然としてこのようなガバナンス構造において役割を演じ続けることはありうるのだろうか。あるいは銀行の積極的役割なしに状態依存的ガバナンスの再構築は可能であろうか。次章でメインバンク制度を支えた銀行自身のインセンティブの構造を分析したあとに、こうした問題に第7章で立ち返ることにしよう。

第5章　メインバンク制と政府規制

企業モニタリングの三段階

前章においては、企業のコーポレート・ガバナンスの視点から、かつての日本経済におけるメインバンク制の一側面を考察した。そこにおけるメインバンクの役割は、企業の財務状態を外部から認定し、状態に応じて企業に対するコントロール権を発動することであった。しかし、そうした活動は、メインバンクにとって当然、コストを伴うものである。いかにして、メインバンクは理論的に最適と考えられたコントロール活動を近似するインセンティブをもつのであろうか。またそうした活動に従事する能力を涵養《かんよう》しうるのであろうか。それには、企業と銀行をとりまく金融制度全体の在り方や、それを律する規制枠組みが関連を持ってくるであろう。しかし、規制枠組みは政府によって、恣意的に外生的に設計されるものではなく、その有効性は企業と銀行を含めた数々の金融機関とのあいだの関係が進化するにしたがい、変容していく。

本章では、コーポレート・ガバナンスという次元を含めたより広い視野に立って、メインバンク制の比較的な特質をどのようにとらえるか、それを支えた規制枠組みの本質は何か、そしてその有効性は経済の位相進化に伴い、いかに変化するか、などの問題を考えよう。

投資家（株式または貸付けの形式での資金の供給者）とビジネス・プロジェクトを遂行する企業とのあいだの投資資金の取引は、かなりの程度の情報非対称性と不完全性とを本質的に伴うものである。第一に、プロジェクトの成果を定める技術や市場機会に関して、投資家は企業の経営者ほど情報を有していない（逆選別 adverse selection または「隠された情報」の問題）。第二に、もしプロジェクトの収益率が、他の企業によって行われる技術補完的なプロジェクトの調和のとれた実施いかんに依存するならば、経営者自身、情報に関しとくに有利な立場に立つともいえない（コーディネーション問題）。第三に、資金を収益性のあるプロジェクトに使用するという経営者の約束は、経営者・従業員の能力不足や、客観的な確率的事象の背後に隠される意図的な非効率的行動によって実現されないかもしれない（モラル・ハザード、または「隠された行動」の問題）。

こうした問題に対応するために、提案されたプロジェクトの価値を判断したり、資金の使用法をチェックしたり、資金の不適切な使用から生じた財務困難を一時的な不運から識別して、将来の再発の防止策として経営者を確実に罰する〔コミットメントの問題〕などのメカニズムが必要となる。したがって、金融資金の供給は、現実の投資の前と後における情報の収集、企業のコントロールに対する参加などを必要とすることになる。しかし、そうした情報の収集やコントロールは、特別の技能、集中した資源、時間と産業の範囲の双方で十分に広い視野などをもつことによってはじめて可能になる。かくして資本主義経済は、金融仲介や会社のモニタリング、コントロールの諸側面にかかわる各種の組織を生み出してきた。しかし、そうした機関や組織の制度的配置は、経済によって多様である。金融の制度的配置は、部分的には規制によって条件づけられ、部分的には歴史経路に依存し、また部分的には経済における支配的な、あるいは新しく生成されつつある組織的・技術的・リスク態度のパターンに対する適応を通じて形成されるからである。本章ではそうした生成構造を日本経済について、次章では移行経済について考察することにしよう。

「モニター（monitor）」には、「チェックする」、「監視する」、またそうした情報活動をもとにして「規制する（regulate）」というような意味がある。投資にかかわる情報の非対称性と不完全性とを克服するために、資金の供給者やその代理人が企業に向けて行う活動に、このような語義を持つ「モニター」という言葉を適用するにあたって、三つの種類の活動を概念的に区別することが分析的に有用である。主要な区別は、投資家から企業に対してなされる資金の実際の移転を参照枠として、モニタリング活動がどの時点で行われるかについて行われる。

モニタリングの最初の段階は、企業によって提案された投資計画の評価と選別であり、これを「事前的モニタリング」とよぼう。このタイプのモニタリングは、前述の「隠された情報」問題に対処し、また補完的投資計画のあいだのコーディネーションの失敗を防ぐために有用である。後者の例としては、鉄鋼工場建設の収益性は、電力の安定供給にかかっているが、電力産業における資本蓄積が低い段階では、それはひるがえってダム建設の計画いかんにも依存するなどということがある。したがって、投資家は、経済全体にわたる投資計画について広いパースペクティブを持つことが必要であろう。

モニタリングの第二の段階、「中間的（interm）モニタリング」は、企業のモラル・ハザードの問題を防止するため、資金が提供された後も、不断に企業の行動をチェックすることをいう。「事後的モニタリング」とよぶ最後の段階は、企業の投資行動の結果、すなわち財務状態を識別し、財務困難な状態においては企業の長期存続性についての判断をくだして、匡正的ないしは懲罰的行動をとることである。前章で扱った状態依存的ガバナンスにおける事後的モニターの役割は、まさにモニタリングのこの局面に対応していた。もし、投資家またはその代理人が、企業の思わしくない行動成果を確実に罰するということが信じられるならば、経営者はそうした結果に及ぶような事前の情報操作や中間期の行動を抑制するであろう。すなわち、適当な事後的モニタリングへのコミットメントは、隠された情報や行動の問題をコントロールするメカニズムの一部を構成する。

もちろん、モニタリングの三つの段階の区別は概念的なものであり、実際的にはそれらは分かちがたく結び付いている。たとえば、投資家と企業の関係が繰り返されるならば、前回の投資にかかわる中間モニタリングから得られた情報は、新しい投資金融に関する決定の材料としても有用であろう。にもかかわらず、この概念的区別は異なった金融システムの構造と成果を比較するためにひじょうに有用である。

一般に、モニタリングは、情報コストとモニタリングの重複から生ずるコストを節約するために、それぞれの段階に対応した専門的技能を保有した投資家代理人や金融機関に委任されることが多い。しかしその配置は、各経済ごとに多様である。たとえば、アングロ・アメリカン・システムでは、事前的モニタリングは、大企業に対しては債権引受けを行う投資銀行、起業家的ベンチャー企業に対してはベンチャー・キャピタル、一般の既成企業に対しては商業銀行などが、主要な役割を果たす。債権格付け機関は企業の財務状態を継続的に評価するという意味では、中間的モニタリングの機能を遂行するが、しかしその評価は企業の起債能力に影響を与えるという点で、市場志向的な金融システムにおける事前的モニタリングの装置としても機能している。経営者の中間的モニタリングは、最も直接的には取締役会によって遂行されるが、取締役会自体、主要株主や、さまざまな基金マネジャー、市場鞘《さやと》取り人などが市場を通じて直接・間接に送り続けるシグナルにも反応する。破産裁判所を通ずる破産・更生・清算手続きは、いかなる金融システムにおいても重要な事後的モニタリングの仕組みを構成する。しかし、会社コントロールの市場の制度化は、アングロ・アメリカン・システムにおいて最も顕著で、他の経済はこの点で並びがたいものとなっている。

しかし、三つの段階のモニタリングが別々の専門化した機関に委任され、高度に分散化したアングロ・アメリカン・システムに比較し、日本のメインバンク制度はその最盛期（一九五〇年代～七〇年代半ば）において、次のような特徴を有していた。すなわち三つの段階のモニタリングが「統合化」され、かつ企業のメインバンクに「専属的に委任（exclusive delegation）」されていたということである。

統合的モニタリングの専属的委任

高度成長期の初期においては、電源開発調整審議会や産業構造審議会の産業資金部会などの公的機関を通ずる情報の交換と期待形成のコーディネーションと、日本開発銀行、日本興業銀行による融資決定のリーダーシップが、都市銀行の融資決定に対する重要な要件となっていた。しかし、高度成長期を通じて事前的モニタリングのメカニズムはしだいに次のようなものに定型化されていった。企業の借入れに占めるメインバンクのシェアは、平均して二〇％内外程度にとどまり、残余は他の都市銀行、長期信用銀行、地方銀行、信託銀行、生命保険会社、農協系金融機関などのあいだに分散された。しかし、これら多数の金融機関による事実上の協調融資は、必要融資額の一部分を担うというメインバンクによる決定をまってはじめて可能となった。長期信用銀行を除く他の金融機関は、特定の企業に対してそれ自身のモニタリング能力を蓄積するというより、自己の融資決定をメインバンクの判断に依存していた。いわば、事前的モニタリングは、メインバンクに暗黙のうちに委任されていたわけである。

そのような事前的モニタリングの責任を担うというメインバンクの能力は、メインバンクの中間的および事後的モニタリングにおけるさらに大きな役割から導き出されたのである。日本がまだ技術的能力という点でキャッチアップの段階にあったときには、事前的モニタリングの重要な構成要素は、新しい技術の商業的・エンジニアリング的価値を評価するというよりは、海外で発展させられたエンジニアリングのノウハウを吸収し、改善する企業の経営的・組織的能力の評価にあったといえよう。大規模プロジェクトのために輸入されたエンジニアリングの評価は往々にして、金融系列に対し中立的で、かつ必要な評価能力を蓄積した日本興業銀行に委任された。しかし、都市銀行も自行の系列に属する企業の経営的・組織的能力の評価に関しては十分な能力を蓄積していった。

メインバンクは、その顧客企業に対する短期の貸付けに関してはより大きなシェアを有していたし、また重要な決済口座をも運用していた。このことは、銀行に、ほぼ帳簿を閲覧するのと同じような情報獲得能力を与えた。そのような中間的モニタリングの機会は、メインバンクをして、借入企業の経営的・組織的能力を判断するのに有用な私的情報を得ることを可能にした。メインバンクの事後的モニタリングにおける専属的役割については、すでに前章で扱った。企業が財務的困難に陥った時、それを救済するか、清算するかの選択のイニシアティブをとり、問題を解決する責任はもっぱらメインバンクに帰するという、暗黙の、だがよく遵守されたルールがあった。

アメリカには、「公平な劣後（equitable subordination）」というルールがあり、財務困難に陥った企業の経営に介入したものは、破産手続きにおいてその債権は他者に従属させられる。このルールのゆえに、アングロ・アメリカン・システムの商業銀行は、財務困難に陥った企業の救済やリストラクチャリングに積極的にかかわることを控えてきた。日本においても、事実上、同様なルールが機能しているわけであるが、統合的モニタリングの専属的委任という文脈の中では、それはメインバンクをして、事前的・中間的モニタリングに誠実に従事する動機を与えた。メインバンクは顧客企業が通常の貸し手リスク以上の危険をもたらすようなプロジェクトに従事することを妨げたし、またありうべき困難はできるだけ早い時期に察知すべく、借り手企業の経営を緊密に監視した。またこうした可能性は、他の貸し手をして、メインバンクにモニタリングを委任しうる保証をも与えた。

他方で、統合的モニタリングは、借り手企業が中間モニタリングの段階でメインバンクに情報を歪曲して伝えるというインセンティブを抑制したと思われる。メインバンクは、状態依存的ガバナンスを通じてコントロール権を把握した際、問題の深刻度において経営者にいかなる程度のペナルティを科するかの裁量権を有している。潜在的な財務困難を隠蔽して、メインバンクの介入を回避し、問題を先送りにすることは、後の段階でメインバンクによる、より厳しい介入を余儀なくされるかもしれない。メインバンクのより「寛容」な救済条件を引き出すためには、経営者は正直たらざるをえないわけである。決済口座をメインバンクに集中することによって、経営者はメインバンクによる中間的モニタリングに自ら進んで服してきたのである。企業による自発的情報開示はメインバンクによる中間的モニタリングの費用を節約させるとともに、事後の問題解決の実行費用をも節約する。

メインバンクによる専属的な統合モニタリングの一つの効果は、メインバンクが事後的にとりうる潜在的行動の範囲を広げうることである。すでにみたように、財務困難に陥った企業に対して可能な、メインバンクの行動オプションは、清算から更生、銀行管理のもとでの再建、利子減免などに及ぶ。しかし、債権の引受人や初期保有者はそのような広範囲に及ぶ行動メニューに事前にコミットすることはできない。流動的な市場に直面して、彼らは債権を市場化することができるから、償還期における保有者が誰になるか、借り手にもわからないからである。したがって、支払い不能という事態が生じたときに、債権保有者に対し期待しうるオプションは、法的な破産法にもとづく手続きのみということにならざるをえない。逆に一九二〇年代の日本におけるように、企業の借入れが一銀行に集中していれば、銀行は企業が財務困難に陥った際に救済を拒否することは難しくなろう。しかし、メインバンク制のもとでのように、貸付けが分散化していれば、メインバンクは清算と救済とを状態に依存して選択しうることになるであろう。

少なからぬ論者が、メインバンクと企業のあいだには長期の相互的なコミットメントがあるとみている。しかし、「無条件」に長期の関係にコミットすることは、企業の側に努力を払うインセンティブを薄めることになろう。むしろ、メインバンクによる統合的モニタリングは、事後的に実施しうる行動の範囲を拡大すると考える方が、より適切と思われる。状態依存的ガバナンスの理論は、そうした選択範囲の増大が、チーム要素を持った企業に対して、最適なインセンティブ効果を持つことを示した。

しかし、事後的なフレキシビリティが、現実にどのような効果を持ったかは、かならずしも明らかではない。一方では、理論どおりに、一時的な困難にはあるが潜在的には効率的な企業の経営・組織資源の救済に貢献した可能性がある。しかし、他方では、それは不効率企業のあまりに寛容な救済、いわゆる「ソフト・バジェッティング(soft budgeting)」といわれるもの（すなわち非効率企業の予算制約の事後的緩和）を導いたかもしれない。どちらの可能性が高いといえるかは、将来の実証研究を待つべきであろう。

メインバンク均衡の可能性

前節では、メインバンク・モニタリングのもつ企業に対するインセンティブ効果を扱った。次いで、専属的に委任された統合的モニタリングを遂行するメインバンク自身のインセンティブを扱おう。いかにして、メインバンクは事前的・中間的モニタリングを遂行するインセンティブを与えられるのか。付加的な費用が必要であるにもかかわらず、なぜメインバンクは財務困難にある企業を救済する動機をもつのだろうか。なぜメインバンクは、もっと頻繁に、財務困難な企業を見捨てて、優先的抵当権を回収することに専念しなかったのだろうか。この節では、メインバンクの状態依存的契約に対するコミットメント、なかんずく一時的困難にある企業の救済に関するコミットメントを確保するには、特定の種類の「レント」が重要な役割を果たすことを明らかにする。

企業や銀行の経済活動は、無限に連なる離散的な期間を通じて行われるとしよう。そしてある期間において活動している企業の、その期末における産出量には、企業努力と不確実な事象の結合効果によって、高い、（一時的に）低い、危機的に低い、の三つの水準があるとしよう。そして、それぞれの確率は期間内のメインバンクによる企業努力の（中間的）モニタリングの有無に左右されると考えよう。すなわち、メインバンクがモニターすれば、高い水準の産出量が低い水準の産出量に比して相対的に確からしくなり、危機的に低い水準の産出量は、一時的に低い水準の産出量に比して相対的にその確率が低くなるとする。もしある期末に得られる企業の産出量が高水準にあれば、メインバンクは、市場における正常利率を上回るプレミアムを得ることができる。このプレミアムを「メインバンク・レント」とよぼう。もし産出量が低水準にあれば、メインバンクには、企業を清算して負のプレミアム（貸倒額と回収抵当価値の差額）を得るか、他の債権者の債権を肩代わりしてそれを救済するか、の選択がありうる。産出量が危機的に低水準にある時にも、メインバンクには同様な選択がありうるが、救済に伴う費用や清算による負のプレミアム（すなわち損失）はより高くなるとする。

企業が清算されない場合には、企業＝メインバンク関係は次の期間に引き継がれ、メインバンクはそこで改めて期間内モニタリングを行うか否かの決定を行う。しかし、危機的状態にあった企業が救済されると、その企業は、将来もメインバンクが清算というペナルティを絶対に科さないという期待を形成して、以後努力を怠るものとしよう。そうだとすると、銀行にとっても、以後費用のかかるモニタリングを行う理由はなくなる。いいかえれば、いったん、産出量の危機的水準で救済が行われるならば、以後それらの企業をモニターしないことが「私的」に最適となる。

もし、期間内モニタリングによって期待される企業の産出量の増分が、モニタリングの費用を上回るならば、一時的に低水準産出量にある企業を救済し、以後モニターを継続することが、「社会的」に最適である。しかしながら、企業を救済することは、他の債権者の債権を保証せねばならないがゆえに、メインバンクにとって、「私的」に最適であるとはかぎらない。さらに、救済からの将来収益も、継続するモニタリング費用の支出なしには不可能である。本当の実現産出量は、企業以外には、事後的モニタリングが専属的に委任されたメインバンクにしか観察可能でないから、メインバンクには、たとえ「社会的」には非最適な行動であっても、一時的に低水準産出量にある企業を、危機的低水準産出量にある企業もろとも、清算してしまおうという動機がはたらくかもしれない。

そうした行動に対抗するため、企業を清算するメインバンクに対しては、外部から観察不可能な産出量のいかんにかかわらず、無差別にペナルティ、すなわち将来メインバンク・レントの削減が科せられるとしよう。いかにしてそのようなペナルティが可能かについては、やがて議論することにする。とにかく、ペナルティが十分に高ければ、メインバンクは、低水準産出量企業を清算することはしないであろう。しかし、この仕組みの問題点は、もしペナルティがあまりに高すぎると、メインバンクには、本来清算されるべき危機的低水準産出量の企業をも、救済してしまおうという動機が生まれるかもしれないということである。したがって、ペナルティは高すぎても、低すぎてもいけない。実際次のような命題が証明されうるのである。

○メインバンクは危機的低水準産出量企業を常に清算する一方で、一時的低水準産出量企業を常に救済し、次期に向けてメインバンク関係を維持するような、高すぎも低すぎもしない清算ペナルティ（レント）の水準領域がありうる。メインバンクは引続いて、救済企業の中間的モニタリングに従事し、被救済企業は以後努力を払う。

このようなペナルティが実施可能であれば、真の産出量がたとえ他の企業には観察不可能であっても、メインバンクには期間内および事後的を統合したモニタリングを遂行することが動機両立的となり、企業が高努力水準をはらう「メインバンク均衡」が（繰返しゲームのサブ・ゲーム完全均衡として）可能となる。しかし、メインバンク・レントが十分に高くなく、したがって清算ペナルティが低いと、銀行は中間的モニタリングを行わず、また企業は努力水準を支払わない「低均衡」が現出する。逆にまたメインバンク・レントとペナルティが高過ぎれば、銀行は危機的企業の清算を行わず、企業は努力を払わない低均衡が現出する。

ここでは外生的に決まるレントの水準に応じて、異なった均衡が生じうるとされている。しかし、メインバンク均衡を可能にするレント水準は、銀行が自由に参入しうる状況にあっても維持可能であろうか。メインバンクのモニタリング能力を有した銀行は、他のそうした能力を有しない銀行から自らを区別しうるシグナルを発し、かつ状態依存的ガバナンスにコミットするに十分な期待メインバンク・レント（モニタリングと救済費用を控除した）を得ることができるであろうか。この可能性を分析した注目すべき仕事に、スタンフォード大学における比較制度分析分野の学位論文として用意されたサダー・ディンクの業績がある。

彼のモデルでは、二つのタイプの企業と二つのタイプの銀行がある。企業はいずれも二期だけ存続するが、中には一期かぎりの低リスク・低収益のプロジェクトのみに継続して従事しうるL企業と、二期にわたって不確実度の高いプロジェクトにも従事しうるH企業がある。後者のプロジェクトが選択された場合、⑴最終成果は良い、⑵

良くはないがインサイダーの雇用を維持することは可能、(3)雇用の維持が不可能なほど危機的に低い、という純粋に確率的な可能性（したがって企業の側のモラル・ハザードは存在しない）があり、そのいずれかは一期目の終りに確定する。最終成果が高い場合には、その企業に金融した銀行に企業収益の一部からレントが帰属するが、最終成果が危機的に低い企業は一期目の終りにただちに清算されることが社会的に最適である。最終成果が単に低水準にとどまる企業は、以前と同様、社会的には銀行の私的費用において救済されることが最適である。しかし、企業が後者の二つの状態のいずれかにあるとき、銀行にはモニタリング費用を支出することなしには、そのいずれであるかを識別できない。銀行には、モニタリング費用を費やして正確に企業の状態を識別しうる高能力のC銀行（competent）と、モニタリングにそれほどの費用を費やすことができず後二者の状態を不完全にしか識別しえない比較的無能力なI銀行（incompetent）とがある。企業のタイプは事前のモニタリングによって識別可能であるが、銀行のタイプは次のようにして展開される、過去の救済活動の歴史によってしか明らかにならないとする。

このモデルでは、H企業は、もし産出量が低水準に陥ったときには銀行によって確実に救済されるという見通しがなければ、二期にわたる高収益・高リスクのプロジェクトに従事する動機を持たない。一方銀行の側は、企業は二期しか存続しないのであるから、救済した企業から直接収益を得ることはできない。しかし、銀行は長期にわたって救済にコミットしているという評判を打ち立てることができれば、その後新しいH企業を顧客として引きつけることができ、レントを獲得する展望を持ちうるわけである。しかし、I銀行にとっては、不確実な情報にもとづいて、困難な立場にある企業を無差別に救済するのはあまりに費用がかかりすぎるので、いっさい救済に従事しないか、あるいは救済すべきと確実に識別された場合にのみ救済活動に従事する。このような場合、銀行のタイプは、救済頻度をシグナルとして、時間を通じて明らかとなり、しだいにC銀行を模倣するI銀行は駆逐されていく。あるいは潜在的により強い経済力を持ちうるC銀行が、第一期においてH企業を資金補助するという形式で固定費用を沈下し、I銀行の参入を事前に阻止しようと試みることもありえよう。

いずれかのメカニズムをへて、企業の救済にコミットしたC銀行がI銀行を駆逐し、H企業は高収益・高リスクの長期プロジェクトに従事するという「メインバンク均衡」がこのモデルでも成立しうるであろうか。回答は、以前と同じであって、もしメインバンク・レントが適当な範囲にあり、かつC銀行とH企業の数が相対的に高ければ、そうした均衡は成立しうるのである。もしレントが高すぎれば、H企業に高収益・高リスクの長期プロジェクトに従事するインセンティブはなくなる。もし、レントが低くなりすぎると、C銀行にはH企業に対する救済や初期援助を行うインセンティブが失われる。そしてC銀行とH企業の数が相対的に高いということは、メインバンク均衡を可能にするマッチングの確率を高くするために必要なことなのである。レントの水準はここでも外生的に与えられているが、それはC銀行とI銀行のあいだの「競《せ》り」によって内生的に決まるとみてもよい（たとえば『ジャーナル・オブ・ファイナンス』一九九二年のラグラム・ラジャンの論文を見よ）。正のレントが成り立っているような均衡でも、モニタリング能力をもつC銀行に対しI銀行がより低い水準のレントを競えば、けっきょく損失が自己にはね返ってくるだけである。

ディンクのモデルでは、メインバンク・レントはもっぱら優良企業の収益の中から得られるとされている。しかし、対照的にレントが預金者から銀行に移転するというメカニズムも可能であろう。ちょうど企業が救済へのコミットメントを条件としてレントを支払うように、銀行預金が資産運用のうえでの安全性を保証するならば、預金者には安全プレミアムを払う動機が生じよう。ジョーゼフ・スティグリッツ＝アンドリュー・ワイスが示したように、利率が借り手の競りによって決定されるならば、借金の踏み倒しによって利益を得るような高リスクの借り手を逆選別してしまう不都合があるからだ。

メインバンク・レント形成の規制枠組み

これまでの議論を通じて次のようなメインバンクの社会的便益が示唆された。

一　三段階のモニタリングの統合によって可能となるメインバンクの状態依存的介入が、チーム要素を持った企業組織に補完的な、外的規律の制度的枠組みを与える。

二　企業のモニタリングをメインバンクに専属的に委任することによって、事前的・中間的モニタリングの重複という社会的費用が回避される。

三　メインバンクの救済活動によって、一時的財務困難にあるが潜在的生産性を持つ企業の性急な清算が回避される。

四　高収益・高リスクのプロジェクトのあいだのコーディネーションの失敗によって生ずる低均衡を回避しうる。

しかしながら、こうした便益を実現するためには、統合的モニタリングを遂行するという条件づきで、メインバンクにインセンティブ・レントが帰属しうることが必要である。そうしたレントの可能性として、前節では、理論的には次の二つが示唆された。なんらかの外生的要因によって正のレントが維持される場合と、モニタリング能力を内生化した銀行が評判確立に投資する競争を通じて、正のレントが内生的に決まる場合である。以下にみるように、この二つはかならずしも矛盾するものではないが、まず最初にレント形成に関連性のある規制の役割をみよう。ここでの議論ととくに関連のある旧大蔵省や日本銀行によるメインバンク制の規制枠組みは、次のような四つの柱を持っていた。

① 預金利率を低位に抑制するが、同時にインフレ率の抑制を通じてその実質率を正に保つ（金融抑制）。

② 債券発行を特権企業に限定し、債券の第二次市場の発展を抑制する。

③ 銀行産業、とくに大企業のメインバンクとなりうる都市銀行の地位への参入を制限する。

④ 銀行に対して、支店開設許可権や天下りによる最高経営者の派遣など、裁量的な報酬・ペナルティの制度を運営する。

①、②のもとで、各銀行の競争力はその預金獲得力によって条件づけられ、後者はひるがえって支店の数や位置、決済口座を預かる顧客企業の数・サイズ・収益力などに依存する④。いま仮に、一定預金利率のもとでの預金の銀行間分配は支店開設許可と顧客企業との歴史的関係によって定まるとしよう（これは預金獲得をめぐって実際にあった銀行間の熾烈な競争を無視することになる）。また、②、③によって、貸出率は預金利率に一定利潤マージンを加えた正常率に設定されるとしよう（これは実際にあった貸出率の差別化を無視することになる）。このことは、①と併せて、都市銀行に対し、優良企業を選択することによって、メインバンク・レントを獲得しうる機会を与えることになる。

企業が財務困難に陥ったとき、メインバンクはそれを清算することも可能である。しかし、もしある銀行があまりに頻繁に清算にうったえると、責任あるモニターとしての評判にはひびがはいるであろう。その結果として次のようなことが起こりうる。

(イ) 預金者が預金の安全性を心配して預金先を替える。

(ロ) 他の金融機関が、その銀行の顧客企業に事実上の協調融資をすることをためらう。なぜならば、その銀行の貸出決定は、もはや借り手の信用に対するシグナルとはなりえないからである。

（ハ）その銀行の顧客企業が、不可避の財務困難に陥ったときのメインバンク救済や、他の金融機関の協調融資を失うことを心配して、メインバンクを他の都市銀行にスイッチする。

（ニ）金融制度の信頼に対する動揺や失業などの破産による社会的コストを心配する規制当局が、度重なる清算を行う銀行に対し、経営者の派遣や支店開設の制限などの直接的ペナルティをかける。

これらの可能性は、メインバンクが財務困難に陥った顧客企業を一方的に放棄することによって生ずるコストが、単に未回収に終わった不良債権の額にとどまらないことを示している。メインバンクはもちろんこうした可能性を考慮にいれて行動するから、実際にはそうしたペナルティの発生はそう多くは観察されないであろう。しかし、均衡においてそういう事態が発生しないということと、均衡以外の行動をとったときに発生する事態について銀行がいかなる予想をもつかは、概念的に区別されるべきである。高いペナルティの予想にもとづいて、銀行は信用を維持するための行動を選択し、結果として少なくとも大企業や中堅企業のあいだでは清算はそう頻繁に観察されないという状態が、均衡として維持されるのである。

前節での理論的考察を手掛かりにして、メインバンク制度の形成と維持における銀行の参入規制③と債券市場の抑制②の役割について述べよう。

ディンクのモデルに即していうと、もし自由な参入によってI銀行の「相対数」が増加すると、C銀行とI銀行を識別しえない借り手にとっては、一時的困難に陥った際に清算されてしまう確率が高まる。そうした状況においては、H企業にとっても、長期のプロジェクトがたとえ技術的に遂行可能であっても、経済的にはあまりにリスクの高いものとなる。結果として、H企業さえも、よりリスクの低い短期プロジェクトを選択するであろう。また逆に、C銀行がH企業に貸し出しうる確率が低下すると、一H企業あたりに期待されるレント水準がある程度高くても、状態依存的ガバナンスにコミットすることから得られるC銀行の利益は少なくなる。したがって、H企業の数を与件とすると、メインバンク均衡が生成するには、C銀行の「絶対数」が少なくなければならない。したがって、長期の関係に互いにコミットした銀行と企業のマッチングによるメインバンク制度が生ずるには、銀行数の制限されていることが必要である。とくに、モニタリング能力がいまだどの銀行にも完全に確立されていない状況にあっては、少数のC銀行の候補者を外生的に同定化し、それにディンク・メカニズムにおけるC銀行の挙動を学習するインセンティブを与えれば、メインバンク生成とその評判確立のメカニズムは加速化されるであろう。

一九二〇年代の日本の銀行制度には、二〇〇〇以上にも及ぶ銀行が割拠しており、統合的なモニタリングにコミットした近代的銀行は、いまだ登場していなかった。財閥系銀行でさえも、商社を除けば、同系統の企業に対する系統的な融資を行っているというわけではなかった。こうした銀行の割拠状態では、銀行と企業の双方にメインバンク形成の動機は生じない。一九三〇年代から戦争末期に至るまでの政府による合併・吸収促進政策を通じて、銀行数は六五にまで減少した。それらは、戦時中に、日本興業銀行を主銀行とした協議融資団に参加したり、軍需融資指定金融制度を通じて特定の企業との関係を強めたが、メインバンクに専属的な統合的モニタリング機能を果たすまでには至らなかった。そうした能力は、右にみたような規制の枠組みの中で生み出されたレントをインセンティブとして、一九五〇年代以降の高度成長期にはじめて生成されていくのである。すなわち、後に大企業のメインバンクに進化していく都市銀行は、規制レント獲得を代償に統合的モニタリング能力の形成とその発動を動機づけられたのであり、自生的な能力形成によってレントを獲得しうる立場には最初なかったように思われる。そして、いったんメインバンク制度が確立した後も、全銀行数の制限と都市銀行と地方銀行との地位差別化の制度化は、多数の複数均衡の可能性のうちから「特定」のメインバンク均衡を選択し、それを低い社会的コストで維持するための枠組みとして機能したとみられよう。

もっとも、次のような可能性もある。清算ペナルティが、右にあげた（ロ）や（ハ）のような、私的な決定にもとづいて科せられるのであれば、生ずる均衡は、メインバンクと企業のあいだの相対的な交渉力によって決まるセカンド・ベストの状態に依存的ガバナンスを近似するであろう。社会的に非効率な企業を救済する動機はとくに生まれないからである。しかし、（ニ）のような政治経済的メカニズムが強い働きを持つと予想されれば、失業の造出に帰せられる大きな評判喪失を避けるために、銀行が社会的に非効率な企業さえ救済するという、「ソフト・バジェット」化の傾向が生まれたかもしれない。この点は、今後実証研究によって確かめられるべきであろう。

さて、メインバンク制度が確立すると、レントが低下し、あるいは参入規制が緩和しても、メインバンク関係は完全には消滅しない可能性がある。そうした、レント低下の可能性は、たとえば債券市場の発展というような、代替的な金融制度の発展によって生じよう。新規のＣ銀行がメインバンクとしての評判を打ち立てるには、一時困難にある企業の救済にコミットするばかりでなくＨ企業に対し、初期、利子切下げというような費用を沈下することによって、Ｉ銀行から自らを区別するためのシグナルを発しなければならない。しかし、そうすることが収益的であるためには、期待される最終レントが高くなければならない。したがって、メインバンク制度の確立後にレントが低下することが参入障壁となる。既存のメインバンクは、評判獲得のための費用は沈下し終わっているから、レントは低下しても存続しうる可能性があるのである。一種の歴史的経路依存性である。しかし、レントの低下がはなはだしいと、すでに評判を打ち立てたメインバンクさえ存続しえなくなる。

市場化環境における銀行のモニタリング能力の低下

前節で様式化したような規制枠組みは、一九七〇年代半ばを境にして、非可逆的な変化を遂げはじめた。その二つの柱、利率と債券発行に関する規制はしだいに取り除かれた。企業は、ユーロ市場などにおける債券発行による資金調達を増加させ、利率の操作を通ずる銀行の非競争的なレント獲得可能性は大幅に縮減された。しかし、一九八〇年代を通じてメインバンクは、従来の顧客企業のユーロ債発行に関連して、起債幹事会社としての手数料や為替取引によって利益をあげることができた。これは、それまでに打ち立てた評判によって獲得されうるメインバンク・レントの一形態と解釈しうるであろう。それは、代替的資金調達手段を得た企業の相対的交渉力の強化を反映して、メインバンクの全盛時代よりは低いものにとどまったかもしれない。しかし、レントの低下は、それがあまりに急激なものでないかぎり、かえって明示的な参入規制なしに、確立したメインバンクの少なくともいくつかが存続しうる可能性を保障することをすでに述べた。

しかし、一九八〇年代に及んでも、銀行業に対する参入規制や銀行の債権業務への参入規制は維持され（後者については、最近になって、銀行子会社による証券業務への部分的な参入が可能となった）、銀行業と証券業の垣根は維持された。このことは、金融市場の国際化という環境変化にあって、高度成長時代には有効であった規制体系の統合性と整合性が損なわれたことを意味する。そして、それは、メインバンクが事前・中間・事後のモニタリングを統合して遂行するという、能力と効果に影響を及ぼさざるをえないのである。

多数の指導的産業は、一九八〇年代までに技術やマーケティングの国際的フロンティアに達した。したがって不確実な技術や市場に直面するプロジェクトの事前評価には、今や、より洗練された財務・エンジニアリング・市場分析が必要とされる。しかし、抵当権設定によって、信用評価を部分的に代替させるという長い習慣と証券引受業務から銀行を排除するという国内規制は、アングロ・アメリカン的金融システムにおいては投資銀行やベンチャー・キャピタルが担っているような、高度な事前的モニタリング能力を銀行が蓄積することを妨げた。

いうまでもなく、抵当主義の陥穽は、一九八〇年代末のバブルに劇的に現れた。銀行は、抵当権さえ設定されれば、ほとんどまともな信用審査なしに貸出しを膨張させた。しかし、スティグリッツ＝ワイスが論じたように、借り手の能力とプロジェクトの事前的モニタリングを欠いた抵当権設定の要求は、「逆選別」の効果をもつのである。大きな抵当を提供しうる借り手は、より大きなリスクをとる用意のある者であったかもしれない。ある者は単なる土地投機のギャンブラーにすぎなかったかもしれない。かくして、銀行部門は、現金製造機と化し、集団的な投機マニアはバブルの破裂までつづくこととなったのである。

債券発行の部分的規制緩和は、またメインバンクの中間的モニタリング能力にも負の影響を与えた。企業の銀行借入れに対する依存が低下し、銀行の明示的・隠伏的な介入から自由になると、企業の経営者の努力支出の怠慢や無能力は、銀行にとってかならずしも、悪いニュースとはいえなくなる。なぜならば、それは、企業の銀行依存を復活させることになるからである。かくして、銀行は、企業の中間的モニタリングにおいてもなまぬるくなっていった。また企業が決済口座を多数の銀行間に分散したり、負債を市場流動化しうる金融手段が発展したことは、企業からメインバンクへの情報の流れを低下させ、後者による中間的モニタリングの能力を低下させた。

規制緩和のメインバンクによる事後的モニタリングに対する影響は微妙である。メインバンク・レントの低下は、確かにメインバンクの救済インセンティブを弱らせる。銀行による介入可能性の低下は、メインバンクが強い交渉力を有しているときには、企業のインサイダーに対し正のインセンティブ効果を持つ（第5章）。しかし、銀行のコントロールがある閾値《いきち》を越えて下がると、さらなるメインバンクの交渉力の低下は、企業のインサイダーに対し負のインセンティブ効果を与えるのである。

しかし金融の市場化と、事後的モニタリングの手段としての会社コントロールの市場の発展とは同じことではない。メインバンク制度に代わる事後的モニタリングの制度はいまだ生成していない。企業や銀行による保有株式の売却は依然限界的なものにとどまっており、大企業の経営者は依然として、テーク・オーバーの脅威から守られている。持株会社の禁止や内部取締役会の制度化のもとでは、生産市場からの規律を除けば、企業経営者はほとんど外部からの規律から自由なようにもみえるのである。このことは、状態依存的ガバナンスの終焉を意味するのであろうか。代替的なコーポレート・ガバナンス構造の形成は可能なのであろうか。それとも、歴史的経路依存的なメインバンク制度の改革が引き続いて、日本的システムの環境変化に対する進化的適応が生成していくのであろうか。これらの将来にかかわる問題は、改めて第7章で取り上げよう。その前に、メインバンク制度の開発段階的側面を要約しておき、次章においてその移行経済に対する関連性を論じよう。

開発経済に対する含意

すでに述べたような日本のメインバンク制度の規制枠組みは、実質預金利率を低く抑制しながらも正の水準に維持した。もし、高インフレによって実質預金率が負になれば、富の移転が家計から政府へと起こることになる。政府が、そうして得た富を裁量的方法で分配するならば、それを獲得しようといういわゆる「レント・シーキング」の非生産的活動が活発となり、開発経済は停滞することになろう。実際そうしたことが、一九七〇年代にアフリカやラテン・アメリカで広範囲に生じた。インフレを通じて実質預金率が負になるような状態は、「金融抑圧」と一般的にいわれているが、マードック＝ヘルマン＝スティグリッツは、それと区別して前者の、実質預金利率は低く抑えられているが正の水準に維持されているような状態を、「金融抑制」とよんだ。そうした状態は、日本ばかりでなく、高度成長期にある東アジアの諸経済にもかなり広範囲に観察される現象であり、その開発経済に対する含意が、最近注目を集めはじめている。

金融抑制は二つの成長効果をもつ。一つは、もし貯蓄の金利弾力性が高くなければ、それは貯蓄の総量を減少させることなく、レントを銀行部門に生じさせる。このレントは、もし銀行経営が適当にモニターされるならば、非生産的な消費に費やされるのではなく、支店増設などの拡張行動を可能とし、それはさらに預金形成の増大に連なるであろう。こうしたレントの価値をマードック＝ヘルマン＝スティグリッツは、「フランチャイジング・バリュー（franchising value）」とよんでいる。

他方、銀行部門で発生したレントは、もし貸出利率が平均的に市場をクリアする水準より低く抑えられるならば、借り手の会社部門にもスピル・オーバーするであろう。もし、銀行がすでに述べたように、歩積み両建て預金などの慣行を通じて貸出利率を差別化するならば、レントも会社部門の内部で等しく均霑《きんてん》されるということにはならない。もし貸出利率の決定が恣意的にでなく、なんらかの規則性をもつならば、それは企業行動に一定のインセンティブ効果を持つであろう。もし、貸出利率が企業の成長可能性や現在の市場シェアに連動して決まるならば、理論的には、それは企業によるシェア拡大という生産的な「レント・シーキング」活動を刺激することを予想させる。しかし貸出利率が企業と銀行の歴史的関係によって決まるならば、それはメインバンク制度の生成・維持には貢献するが、かならずしも開発効果はもたないかもしれない。

実際に、日本においてどの効果が勝ったかは実証分析を待たねばならない。著者による上場企業の財務報告書のデータにもとづいた暫定的な計測によると、一九六〇年代半ばから七〇年代半ばの時期に、最も低い実効借入率を適用されていたのは、規制産業の電力であり、続いて産業政策の対象となった造船産業であった。それに対して、この時期に成長産業となる自動車産業や電気機械産業は、全体としてみると、繊維産業よりも高い実効借入率を適用されていた。この若干予想外の結果は、繊維産業には銀行との長い関係があるという履歴効果によって説明できる。しかし、バンク・レントの産業部門への拡散がはたして成長効果をもったのか否かの判断は、より注意深いミクロ実証分析によってのみ可能であろう。この問題については将来の宿題とし、最後にメインバンク制度が高度成長に対する有効な牽引車となった重要な三つの発展段階的・歴史的要素を要約しておこう。

（1）高度成長初期に重要な役割を果たした産業において、投資に有用な基本的な技術的知識や商業化は、若干の例外を除けば、すでに外国で発展していた。また重要な補完的投資のコーディネーションは、産業審議会などの公的分野を通じてなされた。したがって、民間銀行部門による事前的モニタリングの焦点は、既存のノウハウを吸収し、改善する企業の経営的・組織的能力の評価にあった。この点で、メインバンクによる事前的モニタリングと中間的モニタリングの統合は利点があった。なぜならば、継続的な中間的モニタリングは、都市銀行に信託銀行や証券会社などには得られない、組織に特有な情報をもたらしえたからである。

（2）日本の私企業の比較的長い伝統にもかかわらず、戦間・戦時の国際市場からの隔離と政府統制は、市場志向的な金融制度の運営に必要な、専門化した金融モニタリングの資源の蓄積を低度にとどめていた。したがって、金融モニタリングを、投資銀行、商業銀行、信用格付け機関、投資基金、再組織専門機関などのあいだに分散化するより、銀行部門に統合的に委任することが実際的であった。

（3）　終戦直後、政府による戦時補償の打切りにより、企業の資本基盤は脆弱《ぜいじゃく》なものとなっていた。企業の剰余創出能力もかぎられていて、株式発行は投資資金調達の有効な手段とはなりえなかった。こうした企業の弱い財務能力のもとでは、ある程度低い収益性のもとで、企業救済にコミットしうるような銀行の存在が最適なコーポレート・ガバナンスの構造を提供する（152ページ参照）。戦後の日本銀行による手形再割引を通ずる銀行への資金供給は、そうしたコーポレート・ガバナンスの構造を銀行の経営基盤を揺るがすことなく生成することに貢献したといえるだろう。

こうした条件はいずれも、戦後日本に特有なものであったが、それは今日の移行経済のコーポレート・ガバナンスの問題を考えるうえでも、いくばくかの示唆を与えるであろう。

第6章　移行経済のコーポレート・ガバナンス

移行経済の比較制度分析

　共産主義計画経済から市場経済への移行過程にある経済、いわゆる移行経済は、比較制度分析における一つの重要な研究対象である。一九八〇年代の末期から九〇年代の初めにかけて、ソ連邦および中央ヨーロッパにおける共産主義政治体制が突如として崩壊し始めたとき、その市場経済への移行の展望に関しては楽天主義がみなぎっていた。これらの国の改革派経済学者のあいだでは、必ずしも明確な移行プログラムが準備されていなかったが、政治的自由さえ確実なものとなれば、長らく抑圧されていた人々の経済的インセンティブが解放され、自ずと自由な市場システムが生成されていくだろうという、素朴なリバタリアン的信念がそれを代替していた。ＩＭＦや世界銀行のスタッフ、それにアメリカ東部のハーバード大学やＭＩＴなどからのアカデミック・コンサルタントたちは、思い切った価格自由化と財政収支のバランス、それに企業の私有化などを可及的速やかに実現することを勧告していた。とくに、資本主義的企業を育成するために、証券市場の導入と投資基金（Investment Funds）のような市場モニタリング機関の育成が必要だとされた。

しかし、そうした新古典派的な処方箋は、必ずしも移行経済においてうまく機能しないことが明瞭になってきた。次節で見るように、企業の私有化は、会社コントロールの市場を発展させるというより、すでに共産主義の末期にひじょうに大きな権限を蓄積しつつあった経営者による支配、いわゆるインサイダー・コントロール（内部者支配）の現象を広範囲に生み出しつつある。そしてこれらの経営者は、必要な場合には従業員を味方にひきつけつつ、外部のモニタリングから自由な、自己の帝国を建設しようと試みている。なかでもロシアでは、経営者は市場や法律の規律に服することなしに、時には、生ずる問題の解決をマフィアの手に委ねたりさえしている。新古典派的処方箋は、共産主義体制からの移行という歴史的・進化的条件の制約に関し、あまりにもナイーブであったようである。

これに対して、中国では共産主義的政治体制が依然として維持されていることもあって、企業の私有化プログラムの確定に関してはいまだきわめて慎重である。国有企業を漸進的に法人化するということに関して不可逆の路線はしかれたが、それらの企業のモニタリングは誰によってなされるのか、すなわち、国家所有の持株会社を通じて行われるのか、分権的な銀行制度を通じて行われるのか、あるいはより自由な証券市場の発展が許容されるべきなのか、いまだ討論は終結を見ていない。むしろ問題提起がなされたという段階である。にもかかわらず、事実においては、郷とか鎮という地方行政レベルにおける公有企業の成長、国有企業による株式分社化、エリート国有企業の実験的な公開株式会社化などを通じて、多様な所有形態が簇生《そうせい》し、そのもとできわめて高いスピードでの経済発展が続いている。

こうした状況は、計画経済の市場経済への移行にかかわる制度問題の解明に、「比較制度」的な視角が必要なことを示唆している。たとえば、ロシア・中欧経済に対して中国経済が比較的優位な経済成果を上げつつあるのはなぜか。それは、後者が、いまだ農業に強く依存するという遅れた発展段階を初期条件として、移行を開始したからなのか。それとも、移行におけるビッグ・バン的アプローチに対する漸進的アプローチの本質的優位を示すものなのか。もし、ビッグ・バン的アプローチによって一挙にアングロ・アメリカン的システムに接近することが、なんらかの歴史的・進化的条件によって制約されているとするならば、どのようなタイプの市場経済が移行のモデルとされうるのか。はたしてそうしたモデルは現存するのであろうか。

本書は、比較制度分析的手法の日本経済に対する適用を主要なテーマとするものであり、また著者は移行経済を専門分野とするものでもないが、本章ではあえて、移行経済の一つの重要な問題、コーポレート・ガバナンスについて、これまでの分析の関連性を問うてみる。しかし、あらかじめ強調しておきたいことは、それによって、日本型モデルが移行経済のモデルたりうるということを単純に主張しようというのではない。しかし、日本の戦後システムの形成を形作った条件のなかには、今日の移行経済において広く観察されうる条件と、その本質において類似したもののあることも事実なのである。

　なかでも、今日の移行経済において、インサイダー・コントロールがきわめて深刻な問題として提起されつつあることを第1章で示唆した。そして、日本においても、戦後、戦時統制経済を民主化する過程で同様な可能性が生成されたことにもすでに触れた（第4章）。財閥解体によって、持株会社整理委員会に移転・集中された株式は、当時の日本における発行株式の四〇％にも及んだという推定がある。これらの一時的な国有化措置を清算する過程に大きな影響を与えうる立場にあったＧＨＱのニュー・ディーラーたちは、株式所有の分散を通じて企業に対する「民主的」な市場コントロールの実現することを期待していた。その夢は、一九九〇年代初頭におけるロシアやポーランドにおけるアドバイザーたちのそれと、揆《き》を一にするところがあったといえよう。株式購入の優先権は企業の従業員に与えられ、その結果、表面上は株式所有はきわめて分散化されたかのようにみえた。しかし、この過程を通じてやがて生じたことは、日本にもかつて存在した古典的な資本家支配の消滅と、従業員とかなりの程度に利益を共通化した経営者の自立であった。インサイダー・コントロールの危険に対する対応は、引き続く金融系列の形成とそれに伴う状態依存的ガバナンスの生成によって、はじめて一応の決着を見るわけである。

ロシアや中欧におけるインサイダー・コントロールの危険は、同じようになんらかの形の状態依存的ガバナンスの生成によって対応されうるのであろうか。中国はインサイダー・コントロールの危険を未然に防ぐために、企業の法人化にあたって、なんらかの制度的措置を取ることが可能なのであろうか。

もちろん戦後期の日本と今日の移行経済のあいだには、ある種の類似性とともに、大きな隔たりもある。日本は、戦時期において企業は厳しい統制化におかれ、統制機構を構想した革新官僚は、そのアイデアの一部を旧ソ連邦の計画機構の研究から得たりさえした。銀行も、戦時中は金融統制の道具と化し、軍需指定企業の経営者がそこから借入れを受けることは容易なことであった。しかしそうはいっても、戦時統制経済が終りを告げたとき、日本には、民間取引の経験をつんだ経営者のストックが残されていた。戦時補償の打切りが政府によって宣言された後は、企業も、銀行も、不良債権・債務を相互に整理し、資本基盤を強化する私的努力なしには、存続しえないことを十分に了解していた。しかし、他方では占領軍の支配を通じて細々と外部に連なっていた戦後の日本と比べ、今日の移行経済は、格段に発展した国際金融市場や情報・コミュニケーション技術の環境に取り囲まれている。移行経済にとって可能な制度的発展はそうした外的環境条件によっても影響されるであろう。

しかし歴史的条件の違いにもかかわらず、会社コントロールの市場の発展しえていないところでは、インサイダー・コントロールの問題が、普遍的な危険として存在する。セルゲイ・ブラギンスキーが警告しているように、ロシアのインサイダー・コントロールの問題は、今日の日本にとってさえ、対岸の火事としてはすまされえないかもしれないのである。前章で見たように、銀行のモニタリング能力の低下は、日本企業の外部的コントロールの真空化をもたらし、それがバブルとその後始末の悪さとして露呈しているともいえるからである。もしインサイダー・コントロールの問題が共通であるとするならば、その危険に対応しうる、なんらかの形での状態依存的ガバナンスの制度化の必要性もまた、これらの経済のあいだに共通のものであろう。もちろんその具体的形式は、各国経済の特殊な歴史的条件に依存するであろう。しかし、さまざまな経済について、それぞれの歴史的条件と制度進化の可能性とのあいだの関連性を比較することは、インサイダー・コントロールの危険に対処しうるメカニズムの理論的な理解にとって、有用な手続きとなりうるであろう。すでに本書の初めで述べたように、異なった経済の比較は、いわば社会科学には不可能な実験室の代替となりうるのである。異なった経済のさまざまな歴史的条件をフィルターにかけ、そのなかから共通の進化的条件を抽出する努力を通じて、一国経済の中に埋没していては不可視であった制度デザインの可能性が浮かび上がってくるということが、期待されうるからである。

インサイダー・コントロールの出現

この節では、なぜ、そしていかに移行経済において、インサイダー・コントロールが一般的傾向として生じたのか、簡単に概観する。「インサイダー・コントロール」ということによって、旧共産主義経済における旧国有企業の民有化（法人化）過程で、企業のコントロール権の実質的部分が、法的または事実上、経営者によって（場合によっては従業員との連合を通じて）掌握されることを指す。こうした意味でのインサイダー・コントロールは、共産主義の遺産から生じた進化的現象といえる。中欧・東欧の共産主義国家が、一九七〇年代から八〇年代にかけて経済停滞に陥ったとき、計画官僚機構はその危機を投資、価格決定などの計画手段のほとんどを企業の経営者に委譲することによって克服しようと試みた。その過程で経営者は、それぞれの国有企業の内部で、不可逆的な権限を樹立していたのである。そして、中央計画官僚の漸進的後退は、その突如の崩壊によって終りを告げた。それによって作り出された真空状態を埋める形で、経営者たちはさらにコントロール権を拡大させた。旧国有企業の経営者を解雇する法的ないしは政治的力は、彼らが労働者の支持をえているかぎり、もはや誰にも与えられていないように見える。

労働者の職業選択の自由を制約した共産主義体制の反面は、事実上の雇用保障であった。労働者は雇用企業によって、医療、保育、余暇、住居、年金、その他のサービスを受けており、企業にその運命が掛かっていた。共産主義の崩壊とその平等主義的イデオロギーの終焉によって、労働者は、これらの既得権益を失う可能性によって脅《おびや》かされ始めた。その脅威は、企業の法人化の帰《き》趨《すう》が不確定であるほど大きいといえる。したがって、企業の民有化に対する彼らのありうべき抵抗は、企業資産のかなりの部分を実質上彼らに与えることによって克服されうることになる。

いうまでもなく、インサイダー・コントロールの潜在的可能性の現実化は国によって異なりうる。インサイダー・コントロールの程度を条件づけるさまざまな要因のなかで、最も重要なのは、共産主義の最後の段階における共産主義的支配に対する経営者の自立度と労働者の力、移行期におけるさまざまな利益集団に対する民有化機関の自立度である。

この観点でいえば、差異のスペクトラムの一つの極にあるのはポーランドである。すでに共産党支配下の一九八一年に、従業員によって選ばれた一五人からなる労働者協議会に、経営者の指名を含めた、資本家企業における取締役会に相当する権限を与えた国有企業法が制定されていた。いったん共産党支配が崩壊するや、労働者は、なんらかの企業の民有化プランが政治的に導入される前に、企業の資産を掌握するための行動に出るのに素早かった。最も、普通にみられた国有財産の転換は次のような形式をとった。経済的に存続可能な国有企業が法人化されるのでなく、「清算」され、そこに働いていた労働者の過半数を株主とする新会社に、その資産は売却されるか、リースされるというものである。国家によって設立される投資基金に民有化企業の株式の多くを保有させ、経営者をモニターさせるという、アメリカの経済学者のアドバイスによって作られた構想は、けっきょく机上の案に終わってしまうこととなる。ロシアは、強力な経営者支配の例である。企業民有化の任にあたった国家所有権管理委員会（GKI）は、共産党統治下ですでに揺るぎない支配権を確立していた経営者の利益を寛大に受け入れることによって、政治的に最も成功した改革機関としての政治的評判を勝ちうることになる。簡単にいえば、ロシアにおける国有企業の民有化のプロセスは、三つの段階からなる。まず最初に、一九九一年七月のエリツィンの大統領令によって、すべての企業は法人化され、その株式は最初、連邦資産財団によって所有されることとなった。次の段階は、労働者が、GKIによって定式化されたインサイダーの民有化便益に関する三つの案の中から、一つを選択することからなる。最後に、残余の株式の一部は、ロシアの全市民に無料で交付されたクーポンと競売を通じて引き換えられ、他は追加的投資を提案する投資家に売却されるか、数年間連邦資産財団（の地方機関）の管理のもとにおかれる。

この民有化案の帰趨は一九九〇年代半ばの段階では明らかになっていないが、企業のインサイダーは、彼らに多数所有権を保障するような「第二案」を圧倒的に選択しているといわれる。それによれば、企業の経営者と従業員は低い価格（一九九二年の帳簿価格の一七〇%）で、あわせて株式の五一%を個人的に購入しうるうえ、従業員の年金基金が付加的に五%を集団所有できる。さらに、経営者は、市場で民有化クーポンを購入して株式を買増ししたり、非課税で株式を売却するインセンティブを与えられた労働者から株式を引き取ることもできる。その一方で、株式の競売過程に参加する投資基金による一企業の所有比率は当初一〇%に制限された（一九九四年一月に二五%に緩和された）。新しく民有化された企業の取締役会は、最初の株主総会まで、地方GKIと連邦資産財団の代表を除けば、すべてインサイダーによって占められた。

スペクトラムのもう一つの極にあるのが、民有化プロセスが集中的な民有化機関(Treuhandanstaldt-THA)の管理化におかれた旧東ドイツである。しかし、旧東ドイツにおいてすら、共産主義制度の崩壊時点では、インサイダーによる資産獲得は、現実的な危険としてあった。それがインサイダー・コントロールに発展しなかったのは、THAに与えられた集権的な権限であり、そして一九九四年末までに民有化を完結させるという制度的なコミットメントであった。国有企業の民有化は、主に旧西ドイツの会社による資産の部分的ないしは全体的な取得によって行われた。この意味で、旧東ドイツの民有化は、集中化した民有化機関によって媒介されたとはいえ、資本市場におけるテーク・オーバーに類似している。しかしこの場合ですら、移行の最終結果は、株主主権とは異なった性格を持つコーポレート・ガバナンス構造である。すなわち、旧西ドイツ企業では、共同決定法にもとづいて、インサイダー（従業員代表）が経営者の指名権をもつ監査役会（取締役会）へ、株主代表とほぼ同等の権限を持って参加する。

チェコとハンガリーが、中間的ケースにあたる。共産主義制度の末期においてインサイダーはポーランドやロシアより弱く、また移行期における国家（民有化機関）の政治力はドイツより弱い。結果として、インサイダー・コントロールの問題はいずれとも、完全には解決していないようである。チェコの民有化は、民有化企業の株式と交換されうるクーポンの分配を通じて、投資家による企業コントロールを実現した最も理想的な例として広く賞賛されている。しかし、事実はそう単純ではないようである。民有化のプロセスは、民有化省の指定した旧国有企業に対して、誰もが参加しうる「民有化プロジェクト」の競争的な提案によって開始される。民有化省はどの提案を採択するかに関しては集権的な権限を保有している。民有化省は、株式を民有化クーポンに対して競売することを含めた提案に、政治的選好を与えているといわれる。しかし、民有化省のデータによれば、民有化企業の全帳簿額の五三％のみがクーポンと交換された。民有化プロジェクトの作成に関して情報的に有利な立場にある経営者の選好はむしろ、彼ら自身による会社買収にあるといわれる。インサイダー・コントロールの傾向は存在するが、民有化省の集権的権限によってそれが抑制されているわけである。
ハンガリーにおいては、ポーランドの労働者協議会の制度に類似したシステム（企業協議会法）が、一九八四年に導入された。もっとも、経営者に対する労働者の権限は比較的に弱かった。自由市場志向的なポスト共産主義政府は、企業を民有化するイニシアティブを企業協議会に与えたが、チェコの場合と異なり、この制度は、経営者にアウトサイダーによる介入を回避するマヌーバーの余地を与えたようである。民有化企業の株式の大多数は、外国企業によって買収された場合を除けば、他の企業、銀行、民有化案を最終的に承認する権限を持つ国家資産庁などによって相互持合いされているといわれる。しかし、データの入手が可能ではないため、その実態の正確なことはまだわからない。

このように程度の差はあるというものの、中欧・東欧の旧共産主義国家においては、新しい起業家的企業や外国企業との合弁企業を除けば、インサイダー・コントロールが顕著な傾向となって現れている。これは、強力な民営化機関の対抗力を持ってはじめて緩和されうるような、共産主義制度の遺産の進化的結果といえるのである。

この教訓は、さまざまなコーポレート・ガバナンス構造を実験し始めた中国にとってもきわめて意味が深いであろう。中国においては、一九九三年末に、中国会社法が設定されたが、一〇万にも及ぶ国有企業をいかなるペースで法人化するのかいまだ確定していない。すでに一九九三年に、三八〇〇の株式会社、合弁会社が存在したといわれるが、国有企業の株式会社化はいまだに一部の有力企業に限定されている。またそうした企業でも共産党が経営者の選択に対して依然として影響力を保持していると見られる。にもかかわらず、インサイダー・コントロールの兆候はすでに明らかである。国有企業において生産性増大とは無関係に増大する労働者の既得権益の要求は、政府文書でも「鉄飯椀」（絶対に食いっぱぐれのないこと）として頻繁に批判されている。もし国有企業が有効な外的モニタリングのメカニズムなしに民有化され、こうした既得権益が法的にも追認されることになれば、インサイダー・コントロールは甚大な影響を国民経済に及ぼすであろう。

中国において現実に生じているインサイダー・コントロールの実例は、国有企業の経営者が一部の政府幹部との結託のもとに、収益性のある部門を株式子会社として分社化し、それに優良資産と生産的労働者を移転させてしまうというものである。もし、子会社が実際に収益を上げれば、それはますます国家から独立性を強めていくであろう。損失を生み出しても、国家による法人化プログラムの実施が未完成であるかぎり、国有親企業が、したがって国家が救済せざるをえないことになろう。いずれにせよ、インサイダーは民営化のリスクから保護される一方で、そこから生ずる便益の大部分は占有しうるという展望を持つのである。こうしたガバナンスの発展を銭穎一《チエンインイー》（スタンフォード大学）はいみじくも、「状態依存的民有化」とよんでいる。

インサイダーによって形成されつつあるこうした「非国有企業」の多くは、郷鎮企業とならんで、現在中国における活発な企業家精神の発揚の場となっているのであるが、それは不良資産と非生産的な労働者を国有親企業に滞留させるというコストのうえに成り立っているのである。そして、取り残された国有企業の債務問題と「鉄飯椀」が、期限を切って国有企業をいっせいに法人化することに、政府が逡巡《しゅんじゅん》する一つの原因ともなっている。しかし一部のインサイダーによる事実上の国家資産の取得は、こうした特権から排除された外部者には反感を生むであろう。またそれは国有親企業が不良債務の整理を自助努力を通じて行う、能力とインセンティブをも奪うであろう。こうした悪循環をさけるためにも、国有企業の法人化の期限と方法について、政府が明確なプログラムにコミットすることが、今や課題となっているように思われる。しかし、「鉄飯椀」といった共産主義の遺産を引き継ぐ旧国有企業は、法人化された暁にいかにモニターされうるのであろうか。この問題をあらかじめ考えることなくしては、法人化のプログラムもその目的を効率的に達成することはできないであろう。

なぜ投資基金のモニタリング能力は不十分か

数多くの経済学者は、法人化された企業の株式の実質的な部分を保有する投資基金の形成が、旧国有企業の効果的な外部的チェックとして有効であるとみなしてきた。投資基金は、企業の内部効率を増大させるリストラクチャリングから可能となる配当やキャピタル・ゲインに利益を見いだし、かつ株式の実質的な保有を通じて、そういう方向に企業の経営者に不断の圧力を掛けうる能力をも有するという、いわば新古典派経済学の申し子的な考えである。

しかし、これと実質は異なっているが、一見類似した提案が、現在の中国の移行政策の作成者や学者のあいだにもかなりの支持を得ているようである。それによれば、国有企業は法人化されても、その株式の実質部分は依然として国家が保有する。そしてその株主権利を行使するのは、国家所有の持株会社が担うべきであるというのである。しかし、一〇万以上にも及ぶ企業に単一の持株会社がコントロールを及ぼすのは不可能であるから、持株会社の持株会社というような重層的な構造が必要とされるであろうという。このシステムの構想において、株式市場がいかなる役割を果たすのか、必ずしも明らかでないが、株価形成などを通じて重要な補完的な役割を果たすことが期待されているのであろう。本節ではまず、純粋な新古典派的アイデアをインサイダー・コントロールが現実の、あるいは潜在的な脅威となっている経済に適用しようということの困難のいくつかについて述べる。そして最後に、中国における重層的持株会社の構想に対する批判を述べる。

まず第一に、ロシアの場合に典型的に現れているように、インサイダーによる株式の多数保有という現実の前に、投資基金の保有シェアは、有効な会社コントロールの権利を発動するのに、不十分である。経営者の罷免《ひめん》や多数の労働者の整理などが、会社のリストラクチャリングに必要とされるような危機的な状況において、どうして少数派の投資基金が多数派のインサイダーの抵抗を打ち破ることができるだろうか。

第二に、中欧やロシアにおいて投資基金は、民有化仲介機関として設置され、投資家によって預託されたか、投資基金自身によって市場で購買されたクーポンによって基金化されている。したがって、投資家に対して一定の配当を生み出す不断の圧力のもとにおかれている。しかし、もし証券市場が順調に発展すれば、逆説的であるが、投資基金は個別企業のモニタリングにはあまり関心を持たなくなるかもしれない。すでに第4章で述べたように、投資基金は市場株価指数に投資することによって、少なくとも市場と同等の収益を上げうるからである。こうした憂慮に応えて、たとえば、ポーランドなどでは、投資基金のポートフォリオ選択の範囲に制限をおくというような提案がなされている。しかしそうした提案は、投資基金の期待収益最大化の機能とは両立的でなく、投資基金をして実質的に活動範囲の限定された持株会社として機能させることになるであろう。しかし、投資基金は持株会社として十分に機能しうるであろうか。次の論点はそれにかかわってくる。

第三に、民営化された旧国有企業はリストラクチャリングのために、付加的な資金の供給を絶望的に必要としている。しかし、株式再配分の仲介機関としての投資基金は、そのような要求にこたえる金融資源の動員はできない。またたとえ投資基金がそうした能力を有していても、インサイダーによる多数派コントロールは、株式金融のエージェンシー・コストを大きなものにするであろう。すなわち、経営者と労働者は、会社収益を配当として分配する以前に、それを仕事のうえでの消費や付加的な賃金支払いなどによって食いつぶすことに利益を持っている。投資基金が、ロシアにおけるように銀行をもコントロールする持株会社によって支配されていたり、チェコのように銀行によって保有されていたりすれば、それは銀行借入れを企業に仲介することができるかもしれない。しかし、この場合でも、いわゆる「利益の衝突」という問題が生じうるであろう。たとえば、投資基金の資産の多くが、ある財務困難に陥っている企業に固定化されており、持株会社がそれを救済するために、預金者の資産を危険にさらすというようなことがあるかもしれない。

これらの論点は、移行過程のコーポレート・ガバナンスにおける投資基金または持株会社の役割をまったく否定するものではない。それはインサイダー・コントロールの否定的側面に有効に対応しうる制度の一要素を形成しうるであろう。しかし重要な論点は、投資基金だけでは、移行過程におけるインサイダー・コントロールへの進化的傾向に歯止めを掛けるには十分でないということである。投資基金にのみ依存しようというならば、労働者との結託によって外部者の介入を減少させようという経営者の試みによって、移行の過程は引き延ばされるかもしれない。そして、他の潜在的にはより有効な外部モニタリングの制度、たとえば銀行制度の発展を促進させるための公共政策はたち遅れるかもしれない。

最後に、中国における重層的持株会社の構想について触れておこう。もし、効率的な証券市場の発展がないならば（そして国家による株式の多数保有のもとでは、そうした発展は期待されえないであろう）、親持株会社は子持株会社の業績をどう評価しうるのであろうか。客観的な金融収益という基準がなければ、親持株会社の評価は恣意的なものとなるかもしれない。しかも、企業についての情報上の利点を持つのは現場に近い子持株会社であるかもしれない。すでに示唆したように、現在中国の経済発展の牽引車となっているのは、いわゆる郷鎮企業である。それは郷（村）とか鎮（町）とかいった末端の行政単位によってコントロールされた公有企業であるが、いわば郷鎮政府が持株会社として見事に機能しているわけである。それは、郷鎮同士が所得水準の上昇と広域市場の獲得を巡って互いに熾烈に競争するというメカニズムを通じて、郷鎮政府自身が有効なモニタリングに服しているからである。この事態を見れば、たとえ、法人化企業の公的株式保有が必要であっても、その株主権利の行使は、政府のできるだけ下部レベルに分権化しうるし、またされるべきであるということになろう。重層的な、持株会社のヒエラルキー構造というアイデアは、単に従来の計画官僚機構を再生産するにすぎない、新古典派パラダイムのカリカチュアというべきであろう。

旧国営銀行のソフト・バジェッティング傾向

前章までの議論から、読者はすでに次のような期待を持たれたかもしれない。すなわち、インサイダー・コントロールに固有のインセンティブ問題に対応するには、証券市場よりも、なんらかの形式の状態依存的ガバナンス、とくに銀行が、一定の役割を果たしうるという期待である。たしかに、旧国有企業が法人化されるならば、たとえその株式の多数ないしは過半数がインサイダーに所有されていても、あるいは国家資産経営財団などによって所有されている場合でさえも、負債契約の不履行またはその目前の危険は、企業のコントロール権の債権者への移転を引き起こしうる。負債契約は、株式契約とちがって、株主の意思いかんにかかわらず、コントロール権の移転というペナルティを成績不良の所有者・経営者に科すことができる。この意味で、負債契約は、法人化企業の所有権の構成がいまだ流動的であるような移行経済においては、有力な企業モニタリングの用具としての潜在性を持っている。

しかし、そうした負債契約の潜在的利点が移行経済において、実際に銀行によって運営されうるかというと、とくに検討を要する二つの問題がある。

その一つは、共産主義経済体制に固有の、いわゆる「ソフト・バジェッティング(soft budgeting)」(予算制約の柔軟化)の惰性的遺産である。共産主義計画経済の非効率性を支える最大の問題として、ハンガリーの経済学者コルナイ・ヤノシュは、一九七〇年代からこのソフト・バジェッティングの悪影響に対して警告を発し続けてきた。共産制国有企業が財務的困難に陥ると、計画機構の一部としての国有銀行は、追加的融資を行い、その企業を救済するのが常態であった。すでに述べたように、競争的な労働市場はほとんど存在せず、労働者の運命は雇用企業の存続にかかっていたので、専制的な共産主義国家といえども、大量の失業の可能性には政治的に耐えられなかったのであろう。いわば、ソフト・バジェッティングの傾向は、共産主義体制における事実上のインサイダー・コントロールと、裏腹の関係にあったわけである。さらに、たとえ事前には実施されるべきでなかった投資プロジェクトであっても、いったん初期投資が企業に固定化されると、それを存続させることが事後的には効率的になることもある。いずれにせよ、企業が困難期には銀行は救済に乗り出すという期待を持つようになると、インサイダーの側には、効率化へのインセンティブが失われる。第4章で理論的にデザインされた状態依存的ガバナンスにおいて、救済領域の下位にインサイダーに厳しい規律を課す清算領域が設けられたのも、そうした事後的なソフト・バジェッティングによる逆インセンティブ効果をコントロールするためであった。

共産主義体制下の国家銀行によるソフト・バジェッティング傾向は、歴史的経路に依存して、移行経済の商業銀行にも継承される可能性がおおいにある。企業に貸出しを行う銀行は、元国有銀行の直接的な継承者であり、また企業の多くは、共産制下や移行下において不良債務を蓄積した旧国有企業だからである。また、社会保障や社会保険など、市場経済においては、国家によって運営されうる社会的安全ネットが、移行期においては未整備であり、供給過剰雇用などという形式で、企業に負担がかぶさるであろう。そして、企業の経営者は旧体制下の政治家・官僚などとの結託のもとに、銀行からの追加融資に関して正当性を主張することに躊躇しないであろう。後に見るように、現在ロシアにおける銀行融資のおおむねをなす旧国有特殊銀行による「政策融資」は、計画的な産業政策の一環として行われているのではなく、それは偽装された国家による補助金であり、共産制下のソフト・バジェッティングの遺産的継承なのである。

さらに、移行期の経済においては、不良経営を後追いする事後的なソフト・バジェッティングに加え、いわば事前のソフト・バジェッティングともいうべき傾向をうながすインセンティブが、企業・銀行の双方に存在する。とくに現在の中国（その他移行経済）で起こっている企業・銀行関係の一つの問題点は、次のようなことである。インフレ率が規制貸出利率を上回るという「金融抑圧」の状態が存在するために、企業は借入れを最大限拡張することによって、レントを獲得しうるという展望を持っている。一方、「金融抑圧」の状態にもかかわらず家計部門による銀行預金は増大し、そのGDPに対する比率は一九九一年に四六%にも及んでいる。商業銀行に転換した旧特殊銀行（農業銀行、商工銀行、交通銀行、建設銀行など）の側には、抵当権さえ設定されれば、成長展望の高い企業部門に貸し出す強いインセンティブが存在する。かくして、借入れ競争に走る企業の経営者と商業銀行の融資担当者のあいだに結託が生じ、不動産投資に傾斜した非効率的な資金配分がなされている。土地使用権の抵当設定は二重・三重にも行われている場合が少なくないといわれる。しかし、問題は、たとえ事前には実施されるべきでなかった投資プロジェクトであっても、いったん初期投資が沈下すると、それを継続させることが銀行にとっては収益的になる（あるいはより損失が低い）という、すでに指摘した可能性である。貸し手における事前的モニタリングのインセンティブの欠如は、後に金融拡大の反動が生じたときに、追加的な融資を行わざるをえないような可能性を醸成しつつあるかもしれない。こうしたソフト・バジェッティングの危険性を回避するためには、実質利率を正の水準に維持するという健全なマクロ金融政策が絶対的な前提とならなければならないであろう。

ソフト・バジェッティングに関連した移行経済の第二の問題点は、たとえインサイダー・コントロールやソフト・バジェッティングの問題を克服しうる理想的な銀行制度のあり方が理論的に構想されても、はたしてその近似的実現は、各移行経済の多様な歴史的・進化的条件に照らして可能だろうか、ということである。たとえばロシアでは、この数年のあいだに、旧国有特殊銀行のスピン・オフとならんで一〇〇〇を超える新しい銀行が無から形成された。それに対して、中国では郷鎮レベルにおける無数の信用組合的金融機関を別とすれば、少数の旧国有特殊銀行が商業銀行に転化し、またいくつかの省で香港資本との合弁企業としての民間銀行が設立されただけである。一七万人を超える人員を雇用しているといわれる中国人民銀行（中央銀行）が、それらの背後で依然として融資配分に政治的な影響力を及ぼしていると思われる。移行期における銀行制度構造に関して、この二つの経済ははなはだしく対照的であるが、それらは企業の事前・中間・事後のモニタリングにおいて健全な機能を果たしうる銀行制度に進化・生成しうるであろうか。銀行が、ソフト・バジェッティングの傾向を脱して、事前・事後のモニタリング規律を発揮しうるためには、いかなる公共政策と構造改革が必要なのであろうか。なかでも、ソフト・バジェッティングの悪循環を断ち切るために、銀行が企業に対する過去の不良債権を、その経常の生産活動を乱すことなく整理することは、いったい可能であろうか。

前章では、日本のメインバンク制度の歴史的総括から、そのメリットの一つは、三段階のモニタリング機能を統合することによって、モニタリング資源の希少性に対応しえたことであったと述べた。しかし、戦後期の国際的孤立化にあった日本と比して、現在の移行経済はまったく異なった国際環境のもとにおかれている。とくに、会計監査、会社資産評価、投資プロジェクトの信用評価、市場における基金運用など、証券市場制度のオペレーションに関連したモニタリング資源には、国際的な供給が豊富である。ロシアにおいては、有力な投資基金は、外国証券会社の合弁として、あるいはそのコンサルティングのもとに経営されている場合が多い。また中国においても、株式会社化された旧国有企業の子会社や合弁会社の会計監査、証券市場化の特殊技能は、香港を通じて供給されている。

旧国有銀行がその制度的慣性から、市場経済制度に必要なモニタリング能力を発達させていないことと併せてみると、おそらく戦後期の日本におけるように、証券市場の発展を抑制して、銀行制度の発展を促進するというプログラムはおそらく望ましくもないし、また実現可能でもないであろう。しかし、またインサイダー・コントロールの傾向や、旧国有企業の私有化プログラムの未確定のゆえに、移行経済において企業の金融・モニタリングの相対的機能を証券市場に専一的に委託することの困難についてもすでに指摘した。したがって、移行経済においては、当面折衷的なアプローチが一つのオプションであるということになる。すなわち、証券市場の発展あるいは銀行制度の二者択一的発展を通じて、企業の外的チェックの可能性を追求するというよりは、移行期においては、その同時並行的発展が望ましいということである。競争を通ずる組織の自主的進化を通じて、ポスト移行期の支配的システムが決定されていくことになるであろう。

移行期における金融制度の選択に関する進化論的アプローチは、すでにこれまでに強調した、他のシステム要素との補完性という視点からも、望ましいといえよう。銀行とインサイダーがコントロール権を分有したドイツ型ガバナンス、あるいはインサイダーと銀行のあいだに状態依存的にコントロール権が移転する日本型ガバナンスは、いずれも労働者の継続的雇用と内部訓練にコミットした企業に補完的であると、すでに指摘した。それに対し、会社コントロールに関する市場的アプローチは、技能形成・使用における市場的アプローチと補完的である。移行経済における企業の労働組織と技能形成のパターンは今後、どの方向に進化するのであろうか。

一つのシナリオは、旧共産制国有企業における労働組織のヒエラルキー的側面が改良されて、組織における職務分担が個人技能に基礎を置くものとなることである。こうした方向には、資本市場の制度の補完的な発展が望ましい。そのような組織の内部効率性は、個人技能に対する市場競争的支払いの後の剰余によって測定されるからである。他のシナリオは、旧共産制国有企業における労働組織の同胞的側面が発展していって、情報共有にもとづくチーム的な仕事組織が進化していくことである。このような方向には、銀行制度の発展が補完的である。さらに別のシナリオも可能であろう。移行経済は、市場経済の後発者の利点を生かして、二つのタイプの仕事組織を産業の特性に応じて選択していくかもしれないし、あるいは適当なコーポレート・ガバナンスと金融モニタリング制度の発展に失敗して長期の停滞に落ち込むことさえありえよう。そのいずれが選択されるのか、選択されるべきか、誰も確信を持ってはいえないであろう。かくして、証券市場と銀行制度の同時的発展というシナリオが現時点では残されたオプションとしてありうるわけである。

インサイダー・コントロールをいかにコントロールするか

この節では、銀行によるソフト・バジェッティングの傾向を抑制し、インサイダー・コントロールに外部的インセンティブ効果を与えるようなメカニズムを理論的に考えよう。そしてそれが、いかに証券市場と投資基金の存在と補完的でありうるかを論じよう。そして最後の節で、そのような制度を近似するような移行経済における銀行制度の改革について、短いコメントを述べることにしよう。

すべての旧共産制下の国営企業が法人化された状況を想定しよう。それらの所有形態はさまざまでありえようが、ここでは株式の大多数が依然として国家の資産経営財団に保有されていたり、あるいは経営者や労働者などのインサイダーによって個人的、ないし集団的に所有されたりしているような株式会社企業を考えよう。そして会社経営は経営者によって完全にコントロールされており、その任命・罷免には事実上外部の投資家の直接のコントロールが及ばないような状況を考えよう。こうした不完全な私有化にもかかわらず、単に計画機構における行政的単位にすぎなかった国営企業の株式会社化には、いくつかのメリットがありうる。

第一に、経営者はバランス・シートや損益計算などの会計報告を準備し、会計監査という外部のモニタリングに服することになる。そのことは、企業経営の透明化に役立つであろう。

第二に、経営者の任命・罷免権は少なくとも法律上は取締役会に属する。その結果、たとえ株式の多数あるいは過半数が国家によって所有されている場合にも、経営者の指名・罷免を政治的都合によって恣意的に行う余地ははるかに狭まるであろう。経営結果として、経営者によるインサイダー・コントロールが強化されるかもしれないが、いったん企業が株式会社化されれば、それを危機的状態においては是正しうるメカニズムは存在しうることを示そう。

対象としているインサイダー・コントロール企業は、一回かぎりに国家がコミットした銀行補償とそれに伴う銀行債務切捨てなどを通じて、過去の不良債務の負担からはある程度自由であるが、その存続・成長には外部投資資金の注入が必要であるとしよう。そこで、この企業の主要決済口座を運営するなどとして、それと密接な関係にある一銀行が主事銀行《リード・バンク》（L銀行とよぼう）となって、貸出シンジケーションが組織されるとしよう。このL銀行は、たとえば五％といった少数を限度として、借入会社の株式を所有することも許容されているとしよう。商業銀行業務と少数株主という立場を結合させることによって、L銀行は借入会社について、他の貸し手たる金融機関より、情報上有利な立場にある。問題は、いかにしてこの有利性が外部金融のエージェンシー・コストとモニタリング・コストの削減に役立ち、他の貸し手の犠牲においてL銀行がその私的利益を追求するために用いられることを防ぐか、ということである。

L銀行はシンジケート・ローンの少数シェア、たとえば二〇％を提供するにすぎないが、他の貸し手の債権をも、一定比率を限度として、保証するものとしよう。これは、L銀行に対してひじょうに重い責任を負わすことになる。しかし、その代償として、L銀行はシンジケーション運営の手数料を請求したり、あるいは借り手企業の決済口座や預金口座の運営を通じて、便益を得ることができるとしよう。

借り手企業が債務履行の困難に陥ったとき、L銀行は他の貸し手の債権を前もって同意された限度において、買い入れる義務を持つとしよう。L銀行はこの債権を株式にスワップしうるとしよう。そしてL銀行はこの株式を再建専門家や他企業に売却するか、ある期間（たとえば二年）を限って保有しうるものとする。後者のケースでは、L銀行は新しく入手した株主権利を行使して、経営者を替えたり、余剰労働者を整理したり、資産を売却したりして、企業をリストラクチャーする。もし、インサイダーが協力を拒否すれば、L銀行は破産・清算の手続きに訴えることができる。ただし、失業保険、年金などの社会的安全ネットの運営は、企業の法人化の際、国家によって整備されているとする。一定期間におけるリストラクチャリングの後、L銀行は正常限度（上記の例では五％）を超えた株式は市場で売却し、キャピタル・ゲインを実現する。銀行が直接にリストラクチャリングする場合、しない場合のいずれの場合をとっても、債権・株式のスワップを通じて債務不履行のインサイダー・コントロール企業はアウトサイダー・コントロール企業に自動的に転化され、他方インサイダーは債務不履行に対して株式価値や雇用継続価値の喪失などのペナルティを受けることになる。もし、リストラクチャリングからのキャピタル・ゲインが期待されない場合には、L銀行は債務不履行会社をただちに清算するであろう。この場合、回収されなかった債務はL銀行の損失となる。

以上の制度的仕組みは、フィリップ・アギヨン＝オリバー・ハート＝ジョン・ムーアによって提案された破産手続きの改革案と類似している。しかし、彼らの提案では、破産手続きの運営は破産裁判所によって行われるとされているが、ここでは、リストラクチャリングと清算の選択にあたって情報上おそらく誰よりも有利な立場にあると思われるL銀行が、その任に当たる。しかも、部分的な債務保証によって、L銀行自体が破産においてコストを負担せざるをえないから、L銀行はシンジケーションの形成における事前のモニタリングや中間のモニタリングのインセンティブをも持つであろう。

一般的に、銀行の立場からいうと、貸出しリスクの分散とモニタリングのインセンティブとのあいだにはトレード・オフの関係がある。銀行と借り手企業のあいだの一歩はなれた関係は、銀行のリスク分散を可能にするが、モニターのインセンティブを弱めるであろう。他方、排他的な銀行・企業関係は、銀行をして企業に特有なリスクにさらすばかりでなく、厳しい事後的モニタリングへのコミットメントをも弱めるであろう。いったん貸出しがなされると、それを救済するソフト・バジェッティングの誘惑が銀行の側にも生ずるからである。先に述べた仕組みでは、L銀行の「部分的」な債務保証ということによって、リスク分散とモニターの事前的・中間的インセンティブとのあいだのバランスをはかろうとしているのである。さらに、債務不履行が生じたときには、債務・株式のスワップを通じてコントロール権は確実に外部者に移るので、失敗した経営者はペナルティを免れえない。またL銀行かそれから株式を購入した再建者（買収企業）は、キャピタル・ゲインを得るインセンティブを持つ。債権者による救済と異なって、L銀行または再建者は救済企業が再建後自立してしまい、救済からの収益が得られなくなる可能性を心配する必要はないわけである。かくして、一時的困難におちいったが、潜在的には再建されうる企業の早すぎる清算が避けられうる一方で、不良なインサイダー経営者を確実に処罰しうるメカニズムが可能となる。

最後に、前述の仕組みは証券市場の発展を排除するものではなく、それと補完的でありうることを述べておこう。貸出シンジケーションの形成の代わりに、L銀行は顧客企業の負債債券発行を引き受けて、かつ支払いを保証することも考えられよう。市場における価格評価はＬ銀行の中間的モニタリングと競争し、後者の誤りやモラル・ハザードを是正しうるであろう。また、民有化投資基金が再建専門機関として発展しうるならば、債務のスワップされた株式をＬ銀行に対してビッドすることもありえよう。

銀行制度の改革

移行経済において健全な銀行制度を発展させることの意味は理論的には大きいが、現存の銀行の状態は前節で述べたような業務を遂行しうるものからは程遠いようである。しかし移行経済の銀行がそうする能力とインセンティブを発展させうる可能性は存在するのだろうか。

東欧・中欧の移行経済における銀行は、若干の外国銀行との合弁を除けば、そのほとんどは旧国営銀行の継承者またはスピン・オフ、あるいは法人化された旧国営企業によって設立されたエージェント銀行である。たとえば中欧において過去数年のあいだに設立された大商業銀行は、旧国営単一銀行を中央銀行といくつかの商業銀行に分割してできあがった。旧貸出構成は、新しい商業銀行に地域別（ポーランド）、またセクター別（チェコ、ハンガリー）にしたがって分配された。ほとんどの貯蓄は依然として貯蓄機関においてなされ、中央銀行を経て商業銀行に再融資される。旧国営銀行のスピン・オフは依然として国有で、その民有化が検討されているか（ポーランド、ハンガリー）、あるいは多数株式がすでに民有化された（チェコ）。私有商業銀行がいくつか姿を現したが、旧国営銀行が依然として資産高において優越している。ロシアにおいて現在約二〇〇〇の独立の商業銀行が存在する。そのうち、七〇〇は旧ソ連の特殊銀行（貯蓄銀行や、農業・建設銀行など）のスピン・オフで、比較的大きな銀行のほとんどを含んでおり、その株主は旧国営企業である。

旧国営銀行の問題は事前モニタリングを伴わないソフトな信用の供与である（事前のソフト・バジェッティング）。ロシアにおいて一九九二年になされた商業銀行貸付けの半分は、中央銀行または国家予算によって融資された政策金融であったという。いわば、これらの銀行は、国家資金を旧国営企業に流すチャネルとして機能しているわけである。

しかし一方で、新しく形成されたエージェント銀行もそれ独自の問題を持っている。ロシアでは、一九九〇年以降これまで一〇〇〇以上の銀行がゼロから創出された。これらの銀行のほとんどは、企業や企業グループによって、そのキャッシュ・フローを管理し、取引決済業務を遂行するために設立された。これらの銀行は、一時的な遊休資金や預金を用いて、為替投機や貸出しも行っているが、実際には商業銀行というより企業の財務部門のスピン・オフという性格をいまだ出ないでいる。共産主義体制では国営企業はすべて国営銀行に口座を持ち、取引決済はその機構を通じて自動的に行われていたがゆえに、前者は市場経済に適応した財務業務の技能を内部に発展させていなかったからである。しかし、推移期における取引契約の法的強制(enforcement)の制度の未整備は、これらの銀行をして、困難な取引決済の裁定を組織的犯罪に委ねたりしているのは周知のとおりである。またこれらの銀行は、その性格上、企業に対し独立のモニタリング機構として機能しえないので、企業の個別的リスクにあまりにかかわり過ぎている。

銀行が健全な信用基盤のうえに営業しうるためには、その資産が十分に分散されていなければならない。しかし、多くのエージェント銀行がそうであるように、企業の資金基盤が稀薄であると、かたや親企業の資金要求に見合いつつ、貸出しを多様化することはほとんど不可能である。エージェント銀行の数の大きさとそのサイズの小ささは貸出シンジケーションの形成も難しくしている。どの銀行がシンジケーションの幹事銀行たるべきか、債権の優劣をどう定めるか、容易に合意が形成されえないからである。

しかし、これらの困難にもかかわらず、移行経済における銀行制度はしだいに進化しつつあるようでもある。国際決済機構にあって、中欧の銀行制度をつぶさに観察しているピーター・ディタスは、最近、銀行貸出利率と預金利率とのあいだのスプレッドが拡大し、企業に対する銀行純貸出しも低下する傾向を見いだした。注意深い検討の後、彼は貸出しの低下は政府予算の赤字から生じた信用クランチのせいではなく、企業に対する予算制約の硬化（budget hardening）によって生じたことを示唆している。彼は用心深くではあるが、次のように結論している。「銀行の業務環境とその行動は、一般に認められているよりもはるかに改善されている。しかし乗り越えられねばならない困難もまた大きいということも明白になった」。

また私もかかわった世界銀行開発研究所の『移行経済におけるコーポレート・ガバナンス――インサイダー・コントロールと銀行の役割』（一九九五年）に参加した、銀行実務家であり、学者でもあるイヴァン・ロジンスキーは、旧国営銀行のスピン・オフと新しくできたエージェント銀行との差異がしだいに消滅しつつあり、そのうちのあるものは、健全な銀行として進化しうる可能性のあることを主張している。なかでも少数の「輸出セクター銀行」は、外国通貨によって輸出企業に中期の貸出しを行い、また高額のサラリーによってモニタリング能力のある人材を引きつけつつあるという。そしてこれらの銀行は、借入企業に対する不断の中間的モニタリングの機能をも果たしつつあるという。

比較的良好な銀行が、インサイダー・コントロールの能動的なモニターとして成長しうるには、どのような困難が克服されねばならないであろうか。いくつかの基本問題を述べておこう。

第一は、リスク拡散とモニタリングのあいだの、すでに述べたジレンマである。閉じた銀行関係につきものの貸付け規準のソフト（軟弱）化と特殊リスクへの融資の過度な固定化を避けるためには、銀行は貸出しを多様化することが望ましい。すでに述べたように、これを達成する一つの方法は、融資シンジケーションを形成することである。しかし、シンジケーションの形成は個別銀行のモニタリングのインセンティブを薄める可能性がある、このジレンマはいかにして克服されうるのだろうか。

第二の問題は、破産の社会的費用に関連している。移行経済の現状を考えると、破産手続きの機械的適用は、非生産的であるように思われる。健全な決済制度が存在しないので、企業は多く企業間信用に依存している。したがって一大企業による企業債務の不履行は、債務不払いのチェーン・リアクションを引き起こし、多くの潜在的に生産的な企業を破産に追い込むかもしれない。また土地資産などの所有権の公的登録制度も発展していない。破産手続きは、商業裁判所を効率的で公正に運営しうる費用を必要とする、等々。そして新しく法人化された旧国営企業は、その存続のために外部の金融援助、時としては補助金を必要とする。いかにして、そういう融資や補助金が、銀行と企業のあいだのソフトな信用関係を永続化することなく、可能であろうか。

こうした挑戦は、ロシアのようにあまりに分散化し過ぎた小銀行の手には余るように思われる。銀行を離散化した、閉じた企業関係から解放するために、銀行の最低必要資本量を、ドラスティックに引き上げるなどということが必要であろう。そのような銀行規制は買収や合併を促進するであろう。また一企業に対する貸出しを、たとえば銀行自己資本の四分の一に制限すれば、銀行をして閉じた企業関係から解放することにも役立とう。しかし、その目的は、世界銀行が示唆しているような、アングロ・アメリカン型の「十分に距離をおいた（arm's length）銀行関係」を発展させるというものである必要はない。もしそうであれば、ロシアのようなインサイダー・コントロールの発展しつつある移行経済に、企業モニタリングに対する真空状態を存続させるだけであろう。

多くの銀行は企業によって所有されているがゆえに、アングロ・アメリカン的な十分に距離をおいた銀行関係は、いずれにせよ発展しないであろう。合併と買収を通じて、当初の閉じた企業・銀行関係は薄められるかもしれないが、それはある程度の距離をたもちつつも、維持されるであろう。企業は、主要な決済口座をごく少数の銀行に維持するであろう。さらに興味あるのは、銀行の株式所有に対する規制である。ロシアにおいて銀行行政を管轄する財務省は、銀行による株式所有に制限を設けないドイツ型のユニバーサル・バンキングを提唱し、民有化機関で、アングロ・アメリカン型の証券市場の発展を目指しているといわれるＧＫＩは、商業銀行による株式所有を禁ずるグラス＝スティーガル型の規制を望んでいた。この両者のあいだの政治抗争の妥協の産物として生まれたのが、銀行に一〇％を限度として企業の株式所有を認めるという中間案である。このかぎりでは、ロシアの銀行制度は日本のメインバンク制度に似たものに発展していく素地がある。いずれにせよ、決済口座、貸出し、株式所有などの多次元にわたって企業と歴史的に関係を発展させた銀行は、もし貸出し多様化の要求がシンジケーションの形成に発展していくならば、その幹事銀行となる最も自然な候補者となりうるであろう。

中国は、ロシアとは逆に、銀行制度のさらなる分散化を必要としているであろう。すでに述べたように、旧特殊銀行が商業銀行に転化したといっても、それは金融市場において、いまだ寡占的な支配力を持ち、軟弱な政策金融の温床となっている。さらには、中央銀行たる中国人民銀行が、依然として、一七万にも及ぶ人員を雇用して資金の銀行間分配に関して、裁定力を行使している。銀行による健全なモニタリング能力を発展させるには、たとえば、中国人民銀行のかなりの部分を商業銀行として分割、スピン・オフする一方で、商業銀行業務への参入を自由化することが考えられよう。そして、中国人民銀行は、優良手形や輸出手形の再割引きなど、健全な商取引にもとづいた成長資金の供給に自らを限定し、必要とされる企業に対する補助金供給は、財政のメカニズムを通じて行われるように、金融の分野からは明確に分離されるべきであろう。

現在、中国において、金融改革に関して論点となっているのは、商業銀行の株式所有の是非である。主流の考えは、グラス＝スティーガル型の規制のようである。しかし、商業銀行は投資銀行を子会社として所有することは許容されているので、預金者のリスクを証券投機のリスクから保護するという、その本来の目的が満たされているかは疑わしい。もし、銀行制度と証券市場との並行的発展がのぞまれるのであれば、証券・銀行業務を子会社として並行的にコントロールしうる純粋持株会社の設立を制度化するか、あるいは銀行と証券のあいだにある程度業務の垣根を作り、銀行にはモニタリングに必要なかぎりでの株式所有を許容することであろう。
しかしいかなる金融制度の改革が望ましいかは、いかなるコーポレート・ガバナンスの構造が進化するかということと、密接に関連しており、それ独自で孤立して解かれうる問題でないことは言うまでもない。

〔学術文庫版への付記〕

この章のもととなる論文が書かれたのは、旧共産圏における計画経済から市場経済への移行が始まったばかりの一九九四年であるので、叙述が当時の現状に強く制約されていることは言うまでもない。その論文は、ただちに中国語に翻訳され、中国の改革論議のなかで大いに言及された。この論文で強調された「インサイダー・コントロール」という概念は中国語で「内部者治理」と訳され、その危険性に対する対策が広く論議された。その事情については、呉敬連著『現代中国経済改革』（NTT出版、二〇〇六年）第4章に触れられている。また209ページで批判している「重層的な、持株会社」という提案は採択されず、213ページで強調したソフト・バジェッティングを抑制し「実質利率を正の水準に維持するという健全なマクロ金融政策」の必要性は、一九九六年の「中国人民銀行法」の改正により、人民銀行による企業への直接貸出しが禁止されることとなり、曲がりなりにも実現することとなった。その後の経済発展は、本章で述べたような、銀行制度と証券市場の並行的発展の下で実現されることとなった。

第７章　多様性の利益と日本経済の制度改革

日米中の比較優位性と相互補完性の構造

前章では旧計画経済の移行問題を扱ったが、本章では日本経済の制度体系の移行可能性の問題をとりあげよう。本書はこれまで、日本経済を、ハイ・エンジニアリングの分野において比較優位を持ちうる、さまざまな制度の相互補完的な体系としてとらえてきた。しかし、それはあらゆる産業分野において絶対的な優位性を持ちうるような潜在性を秘めていたり、あるいは多様性からの経済を最大限に利用しつくせるような体系に進化しているとは到底いい難い。これまでの論旨からおそらく推察されるように、そうした経済体系は、世界中のどこを探しても、いまだ出現していないのである。

しかし、変化しつつある国際環境や個人の技能形成の進化の可能性に対応して、日本の制度体系は、比較優位性を持ちうる産業分野を維持・拡大する方向に、進化しうるであろうか。あるいは制度体系が本来的に持つ慣性のゆえに、日本の制度体系は、アメリカにおける組織革新や新たに出現しつつある中国などの新興工業力の潜在性の挟み撃ちにあって、従来の比較優位さえ失う危険性に直面しつつあるのだろうか。そうした危険から逃れるには、日本は一刻も早く、「先進的」なアングロ・アメリカン・タイプのシステムに移行すべきなのか。あるいは、むしろ多様性の利益を実現するために、現存する諸制度の部分的変更を試みるべきなのか。だが、既存の制度のあいだの補完性を考えたとき、はたしてそういうことは可能なのであろうか。

本書は、産業の比較優位の源泉の一つを、企業（職場）の内部の情報システム的特性に求めた。それは、土地、労働、資本といった本源的生産要素の相対的供給量に、産業の比較優位の源泉を求めた従来の古典派的アプローチに必ずしも対立するものではない。しかし、なぜ、メモリー・チップの関発・生産には日本企業が比較優位を持ち、ロジック・チップの開発にはアメリカ企業が比較優位を持ったかというような、同一産業内部の比較優位性や貿易可能性の問題を説明しようとすると、従来の古典派的アプローチは無力である。エルハナン・ヘルプマン＝ポール・クルーグマンの新貿易理論は、そうした現象を企業の製品差別化と収穫逓増の要因によって説明したが、そうした製品差別化・収穫逓増そのものの起因についてまでは分析を広げなかった。しかし、収依然として企業は、ブラック・ボックスのままに残されていたのである。

穫逓増の可能性は、それがすべてではないというものの、組織による学習ということと密接にむすびついており、ここに組織の情報システムとしての特性の違いと関連していることが示唆されるのである。本書の立場は、現場情報処理こそが生産効率を定める最も重要な要素となりつつあるが、人々とその組織の不可避の限定合理性のゆえにさまざまな組織形態が進化しうる、しかも、いかなる型の組織形態が一経済において支配的になるかというと、それは歴史的経路と社会の制度体系に大いに依存する、ということであった。

もう一度、そのような立場から、日本の組織型の特性を整理しておこう。まず各職場は情報の共有と決定の共同化を基本的な組織原理とし、それに、各個人の情報処理能力の増大や情報技術の発展にしたがい、個別的な情報処理を加味していくという形式で、進化してきた。こうした組織型の発展を、第2章では、情報共有を主とし、個別情報処理を従とするという意味で、「水平的ヒエラルキー」とよんだ。そして、それが効率的に運営されるには、組織の内部に、組織の文脈で培われる、あるいはより伝統的な言葉を使えば「仕事における学習」を通ずる、文脈的な技能が形成・蓄積されることが必要であるとされた。水平的ヒエラルキーの進化にしたがい、文脈的技能も、単にチームワークにすぐれていたり、コミュニケーション能力にすぐれているばかりでなく、個別の特殊機能にも通じた、小池和男のいう「幅広い熟練」に、しだいに進化をとげてきた。

これに対して、アングロ・アメリカン・システムでは、最近まで、システム環境に関する情報は経営者が管理し、分割された個別環境に関する情報処理のみが下位に委譲される「分権的ヒエラルキー」が支配的であった。しかし、デジタル通信技術の発展は、このように機能分化した組織における情報処理・伝達に顕著な革新をもたらすこととなった。今や、分権的ヒエラルキーの下位が個別環境を超えたシステム環境情報に容易に接近し、それを個別決定に利用することができる。しかし、技能形成の専門化が進化した組織や社会環境におけるそうした発展は、必ずしも、情報の共有にもとづく組織型へとは進化しない。むしろ幅広い情報を各自がそれぞれに解釈し、決定に用いるという、情報異化型の組織の生成をもたらしつつある。

いずれの発展も、幅広いシステム環境と特殊な個別環境の処理を同時に各個人に要求するものであり、教育制度と情報技術の発展が可能にしたものである。そしてそれらは、プリミティブな情報共有型の組織や分権的ヒエラルキーよりも高い情報効率性を持つようになる（第2章の第2図〈83ページ〉にもとづいていえば、上段、下段の双方において、真ん中の領域がしだいに拡大しつつある状況である）。情報共有型の日本型組織がしだいに個別環境に関する情報処理を内在・深化し、逆にアメリカ型組織がシステム環境に関する情報処理を組織内で拡延していくと、一見日米の組織型のあいだには収斂現象が生じているかに見える。しかし、両者のあいだには歴史的経路に依存した差異が依然として存在することに留意しなければならない。すなわち、組織の内部におけるシステム環境の情報が、集団的に、アドホックに行われているか、あるいは個別的に、一定の組織ルールにもとづいて行われているか、の違いである。こうした差が、依然として、日米間の比較産業優位性を決定づける一要因として重要と思われる。

アメリカにおける情報異化型組織への進化は、組織内部の業務のあいだの補完性が低下しうる分野では、どこでもその比較優位性を高めうるであろう。しかし、企業はそれを可能にする技術変化を座して待つわけではない。補完性を一定限度にコントロールすることが、自己の組織型の比較優位性を高めると見るならば、積極的にそれを実現しうる技術と組織の革新を追求するであろう。コンパックなどによって実現されたパソコン生産における生産のモジュール化、部品の標準化、アウト・ソーシング（外注）などの一連の工夫の目的は、まさに企業内部の業務間調整の必要性を減少させることによって、企業内資源を少数の得意な分野に集中し、効率的に用いることにほかならなかった。従来、典型的なアメリカ企業においては、分権的ヒエラルキーのもとで業務の統合度がきわめて高かったのであり、アウト・ソーシングの広範囲にわたる活用は、日本企業によって活用されてきた下請け制の学習・応用によるものである。しかし、アメリカの新興コンピュータ企業は、一方ではIBM規格を標準として採用し、他方では製造データを公開することによって、供給企業のネットワークを地理的にも不確定の供給企業に拡延していった。日本企業の行ってきた系列内部の閉じたコーディネーションを、開いたものにすることによって、よりいっそうのコスト・ダウンを実現することができたのである。

さらには、システム情報の分散化に向かうアメリカの組織進化は、企業の境界をも越えたシステム環境の情報処理をめぐる企業間の競争をも激化させつつある。そうした企業間競争を通じて、ITのような新しく登場しつつある産業システムの規準は生成されていくであろう。こうした分野において、アメリカは、日本型組織が比肩しえないような優位性を発揮しうるようである。

しかし、IT産業におけるアメリカのリーダーシップだけをとらえて、日本型組織の全面的後退を結論するのも、早計であろう。集団的な情報処理を個別的な情報処理によって補完した水平的ヒエラルキーは、専門化した技能のあいだの継続的コーディネーションを依然として必要とする産業分野で、洗練された組織型として機能しうる潜在性を持っているからである。たとえばエレクトロニクス・機械技術を結合させて発展した自動車産業や工作機械産業などが伝統的な例として考えられる。またＩＴ産業の規準がいったん明瞭に浮かび上がってくれば、日本企業のいくつかは、その製造側面において急速に頭角を現しうるであろう。実際、ＩＴ産業と高度工作機械のあいだには技術的な補完性もありうるのである。コンピュータ・グラフィックスにおける技術革新は、原子レベルにおけるナノテクといわれる超細密な加工技術を可能にしつつあり、そうした素子レベルでの素材革新が、次にはひるがえってＩＴ産業やコンピュータ産業にインパクトを与えていくであろう。

しかしこうした分野における日本企業の将来性は、従来の企業内またはそのグループ内に閉じ込められていた情報共有型組織を、部品調達や開発協力の外部のネットワークに開いていくことを条件とするであろう。アメリカの製造業のいくつかは、日本企業の製造・開発方法を学習することによって、従来の機能型組織を再生・進化させた。それと同じように、日本企業もアメリカの情報異化型組織において起こりうる企業の境界を越えた通信・調達・開発のネットワーク化を学習し、応用することを、情報化時代におけるその再活性化の条件として課せられているようにみえるのである。

他方において、自動車や消費財電気機械の組立製造は、いったん定型化されるや、低い土地・労働コストなど古典派的な比較優位を求めて、中国などの新興工業国にその基地を移転していくであろう。しかし、それは単なる製造業の空洞化を意味しない。製造のための工作機械の開発において、後発国は比較優位を持ちうるにはいたっていないからである。また、前章でみたように、中国はコスト利点をもった労働を効率的に管理しうるコーポレート・ガバナンスの設計という、核心的な制度問題をもまだ解いていない。信じるにたる企業の法制改革が導入されるまで、日本を含めた先進諸国は、その本格的な進出をためらうであろう。

もちろん、日本から製造基地が海外に移転すれば、製造現場から開発チームへのフィード・バックが切断するのではないか、それによって日本企業の水平的ヒエラルキーの開発能力は消滅するのではないか、という新たな問題が提起される。しかし、それは水平的ヒエラルキー自身の欠陥を意味するのではなく、それをより広い地理的空間においていかに展開するかという問題提起なのである。それにはデジタル通信技術の利用が、かかわりをもってくるであろう。

かくして、太平洋において、日米中は互いに、その産業力において補完関係に立っているといえよう。アメリカはＩＴ産業などの新産業の構想や金融手段の開発において、リーダーシップをとり続けるであろう。日本は製造技術の高度化（ハイ・エンジニアリング）において、ニッチを見いだすであろう。中国は、後発国の利点を最大限利用して、日米の制度・技術を選択的に導入しつつ、その広大な市場と低廉な労働力の利益を活用しようと図るであろう。それぞれの国の比較優位の実現は、他国が比較優位とするものの利用可能性を通じて、より容易となる。すべての経済が同質型に収斂することによっては、こうした相互依存からの経済利益は十分には実現されえない。この補完性は、日米間の組織型の多様性と中国の古典派的な次元での比較優位との結合によって生じるものだからである。

しかし、そうした多様性の経済利益は、自由貿易を通じて完全に実現されうるのであろうか。次節では、第３章の進化モデルにもう一度たちかえって、この問題を分析的に考えよう。

多様性の利益は自由貿易を通じて実現されうるか

いま単純に世界は二つの国、大国Ａと小国Ｊからなり、また経済はその生産物が貿易可能な二つの産業、Ｉ（ＩＴ産業）とＭ（自動車産業）からのみなるとしよう。Ａにはある組織慣習、たとえば機能的技能に支えられた機能的ヒエラルキーあるいはその進化型としての情報異化型が存在し、それにもとづいて、両産業が組織されているとする。さて、小国JにM産業の生産性を向上させる組織革新（たとえば、文脈的技能の進化による水平的ヒエラルキーの導入）が起こったとしよう。しかし、I産業ではその組織型は情報異化型に劣るとする。

この時点で、小国Jが大国Aと次のような意味で経済統合したとしよう。第3章の組織形成の進化ゲームの枠組みにそくしていうと、AとJの人口が互いに統合化し、無差別にマッチングしうる状態の出現である。統合後、文脈的技能の形成に投資したJ人口の比はひじょうに小さいので、ダーウィン的ダイナミクスの進化的な圧力のもとに、文脈的技能とそれにもとづいた組織型はやがて消滅するであろう。たとえ、ランダムではなく局地的なマッチングの確率が高くとも、それが不完全であるかぎり、同様な結果がありそうである。さて、この結果をいささか自由に解釈すると、次のような含意が導かれる。外国直接投資が自由化されると、小国における組織革新は、それを継続する人材補充・技能訓練の特別の努力が革新企業によってなされないかぎり、消滅してしまう。さもなければ新しく労働人口として参入する労働者は、革新企業による雇用可能性は相対的に低いとみて、あえて文脈的技能形成に投資するよりは、安全な機能的技能形成の投資戦略をとろうとするからである。結果として、革新企業の組織型は維持不可能となる。

そこで、小国Ｊは外国からの生産要素の流入禁止、外国直接投資の禁止などによって、組織革新を保護することを試みると考えよう。しかし、貿易は完全に自由化するとする。したがって、Ｍ産業の生産物とＩ産業の生産物の価格はいずれも、国際市場において競争的に形成されるとしよう。そして、両国の住民の嗜好は同質で、いずれもその所得の半分ずつを両生産物に支出するとしよう。すなわち、両生産物の需要の価格弾力性は一である。この時、小国Ｊの住民は、ダーウィン的ダイナミクスの進化的な導きにしたがって、文脈的技能の形成に投資し、それが比較優位を持つＭ産業に流入するであろう。そして、それが比較劣位にあるＩ産業からは流出する。やがて、Ｊ国のＩ市場はＡ国からの輸入生産物によって支配されることになる。

しかし、面白い含みは、次の点である。Ｊ国はいまや比較優位を持つＭ産業に特化しているのだが、そのサイズが小さいので世界需要を満たしきれない。したがって、その価格は絶対劣位にあるＡ国のＭ産業が存続可能な水準、すなわち、Ａ国のＭ産業とＩ産業が情報異化型組織のもとで、同水準の利得を生み出しうるような水準に定まる。このことは、組織革新を実現し、外国直接投資の脅威からは隔離されたＪ国のＭ産業が、一種の差額地代、すなわち組織革新の「疑似《クエサイ》レント（quasi-rent）」を獲得しうることを意味する。

第7図は自由貿易のもとでの両国の住民の期待利得と疑似レントの可能性を示したものである（作成に当たっては第3章の数値例を用いた）。u^JはJ国の住民の期待利得、u^AはA国の住民の期待利得、$\bar{u}$は人口で比重付けした平均期待利得を表す。横軸には、Aの人口サイズn^AとJの人口サイズn^Jの比が表されている。Jは当初Aに比して小国であるから、初期位置は右方にある。そして、A国の供給サイズがある閾値n^*を下回るまでは、M産業をニッチとしてもつ小国Jの国民が、自由貿易からの利益を独占する様子が描かれている。そして、A国の相対サイズが閾値n^*をわってはじめて、A国も比較劣位にあるM産業から退出し、比較優位を持つI産業に特化することによって、組織の国際的多様性からの経済利益を享受し始めることになるのである。

この簡単なモデルから引き出されるもう一つの重要な含意は、次のことである。第3章のP均衡に相当する多様性からの最大利益u^Pが、自由貿易を通じて達成されうるのは、J国とA国の相対人口比、すなわち供給力比が、たまたまI、M両生産物に対する総需要の支出比率と等しいという偶然にのみよるということである。歴史は人々の限界合理性のゆえに、組織の多様性を最初、各経済が違った組織型を慣習として発展させることを通じて実現した。しかし、自由貿易から得られる多様性からの経済的

第７図　自由貿易と疑似レント

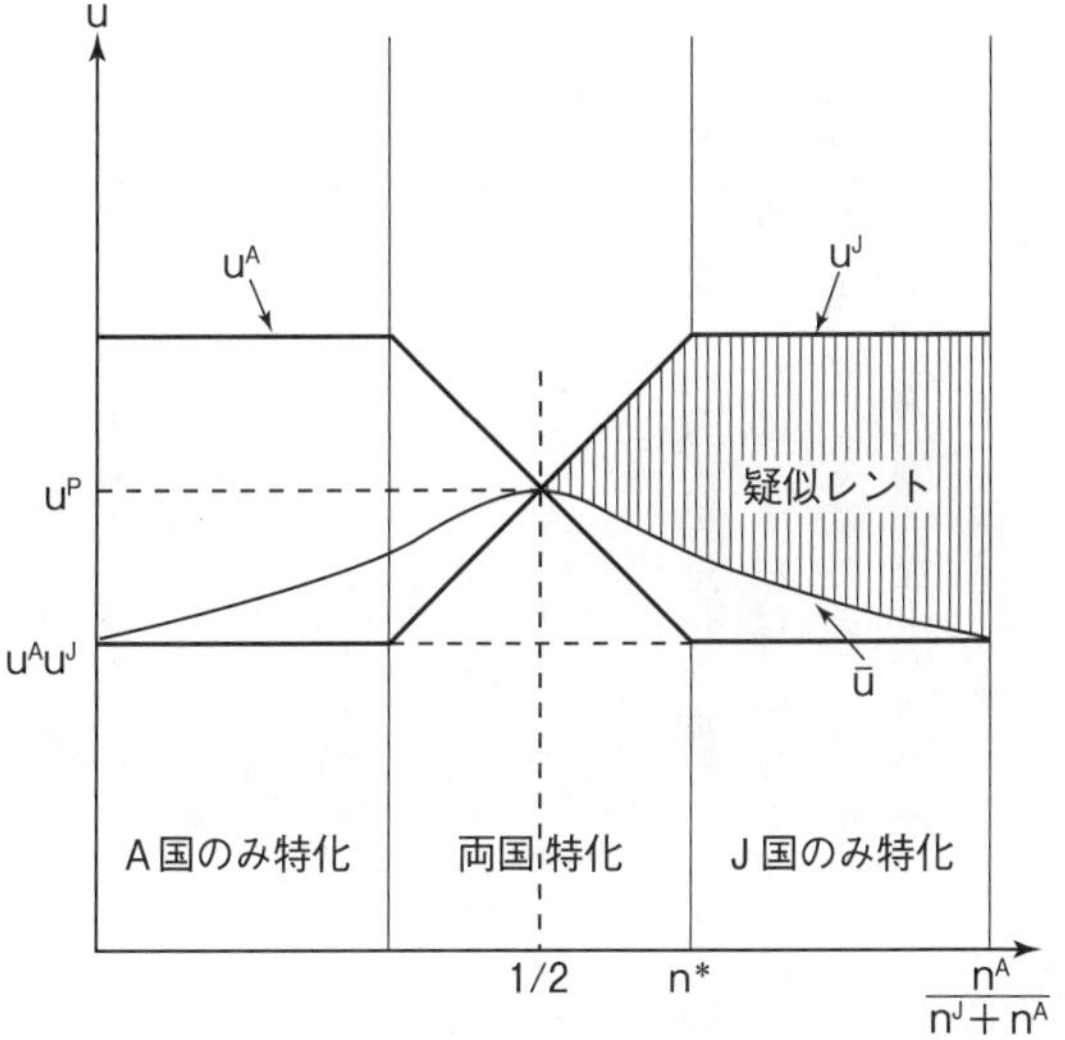

利益は不十分でしかありえないのである。組織の多様性からの利益は、多様性がそれぞれの経済に内在化されるか、あるいは違った組織革新を実現したほぼ同サイズの経済が完全に統合することによってしか実現されえない。はたしてそのようなことは、組織慣習を補完する制度体系の慣性力にもかかわらず、可能であろうか。その問題を論ずる前に、この節の理論モデルをやや現実的に修正して、その日本経済に対する含意を考えよう。

「仕切られた多元主義」のジレンマ

前節のモデルでは、「小国」Jは、自由貿易の機会が開けるやただちに、その組織型が比較優位を持つM産業に、特化すると想定した。もとよりそうした想定は非現実的である。経済には、社会に支配的な技能タイプをもってしては国際競争力をもちえない産業が、国際競争を通じて完全に消滅することなく、残存しうるということがあるだろう。とくに文脈的技能は組織に特有であるので、それが形成された産業から離れては、その経済的価値は失われる。したがって、そうした技能の持ち主は、比較優位を持たない産業において、国際競争からの保護を求めることになるであろう。

比較劣位にある産業の保護の結果、J国は比較優位を持つM産業に特化することなく、したがって貿易を通じて得られうる疑似レントの獲得量は減少するであろう。にもかかわらず、文脈的技能の進化を通じて実現されるM産業の効率性が国際的規準に比して十分に高いならば、それはJ国をして他国には不可能な疑似レントをいくばくか獲得することを可能にするであろう。そうしたレントは、内外価格差という保護メカニズムを通じて「後進的」なI産業の従事者にも均霑《きんてん》されうるであろう。

しかし、保護貿易によって形成されたJ国の受取超過の外国為替がA国に投資され、M産業における組織革新が移植されるか、さらにはJ国の為替上昇を通じて同国のM生産物の国際需要が減退するようになると、疑似レントの獲得は急速に減退し始める。すでに見たように、M産業が、世界市場のシェアを完全に奪うだけでもそういうことが起こりうるのである。この時点で、M産業には後進的なI産業を「補助」する余力は縮小してくる。比較劣位にあるI産業がしだいに退出するか、あるいはその産業で絶対優位をもつ組織型が新たに導入されるという革新がないかぎり、為替上昇によりM産業の国内生産物の国際競争力自身も失われてしまうであろう。このモデルの含意は、現在の日本にとってきわめて示唆的である。

本書ではこれまで、日本における文脈的技能形成を内在化した企業組織の効率的運営は、状態依存的なコーポレート・ガバナンスと不完全な労働市場によって補完的に支えられてきたことを、明らかにした。ひるがえって状態依存的なコーポレート・ガバナンスは、メインバンク・レントを可能とする銀行業に対する参入規制によって支えられてきたことをみた。さらにより一般的にいえば、産業への参入規制、あるいはその裏返しとしての劣位産業における弱者保護が、日本経済を支える一つの重要な制度的要因をなしてきたのである。それは、各産業において形成されたそれに特有な技能の人的資本価値の保護にコミットすることによって、人々に文脈的技能形成を動機づけるという側面を有していた。かくして日本では、ほとんどあらゆる職業分野に従事する人々が、その属する組織、その業界団体、それを管轄する省庁という重層的な構造を通じて、人的資本の価値の維持を期待することができたのである。

こうしたシステムを私は、一九八八年に出版した英文著作（邦訳『日本経済の制度分析』、永易浩一訳、筑摩書房）で「ビュロー・プルーラリズム（bureau-pluralism）」とよんだ。これは「官僚制多元主義」と訳されているが、以上の文脈のもとではむしろ「仕切られた多元主義」と訳した方がよいかもしれない。ビュローにはもともと「引出し」という意味があり、仕分けして整理するという含みを持つ。各分野の人々の既得権益を保護するという点で、官僚制は重要な代理人的・裁定的役割を果たしてきたが、それは重層的な多元的な既得権益を保護する制度体系の、重要ではあるが、一つの要素にすぎないからである。

しかし、「仕切られた多元主義」は、あくまでも仕切りによって保護された既得利益の共存にすぎず、多様な組織型が自由に生成されうるという意味での「開かれた多元主義」ではない。そうした全員共同的な利益が可能であったのは、主に輸出の八〇％をも占める機械製造業の高度化によって国際市場から獲得された疑似レントの存在であったといえよう。すなわち先進的部門が国際市場で獲得した疑似レントを、内外価格差、税・補助金、参入規制などのメカニズムを通じて、後進的部門にも広く均霑することによって、仕切りの維持は成り立っていたのである。

しかし、機械産業に代表される先進部門が達成した製造・開発などにかかわる組織革新が定型化されると、それは工業国の従来企業の再学習の対象となり、また後発工業国にも移植可能となる。そうした、学習や移植が低い生産要素コストと結びつくと、疑似レントの獲得可能性は急速に消滅していく。そうした傾向は、外国に、なんらかの組織革新や新産業が生じたときには、さらに加速化されることになる。いわゆる内外価格差の破壊といわれる現象は、その結果不可避的に生ずる疑似レント再配分メカニズムの維持の無理を意味しているのではなかろうか。

上記の前著の中で、著者は先進的部門が官僚の保護メカニズムから徐々に離れ、後進的な部門がますますそれに依存しようとする傾向を「官僚制多元主義のジレンマ」とよんだ。現在の文脈で、それを「仕切られた多元主義のジレンマ」とよべば、それは現在ますます深刻の度合いを深めつつあるといいうるであろう。疑似レントの獲得が可能であるあいだは、各利益集団のあいだで分配されうるパイのサイズは拡大しているから、仕切られた多元主義の維持は、格別の困難をもたらさない。むしろ、それは社会の安定化に貢献しさえするであろう。しかし、すでに述べたような諸理由が結合して、疑似レントが消滅する方向に動くと、仕切られた多元主義そのものの維持が困難になる。この段階で、比較劣位にある産業がその保護の継続を要求すると、先進的企業は、為替の上昇によって輸出力を失い、疲弊するか、あるいは生き延びるために海外にその製造基地を移転せざるをえなくなる。結果として比較劣位にある産業の雇用機会のみが残存するというジレンマに陥るわけである。

仕切られた多元主義から開かれた多元主義へ

本章の日本経済に関する評価は、いわば愛憎半ばというところであった。情報処理という側面においてみれば、今後もハイ・エンジニアリングと特徴づけられうるような産業分野で効率性を発揮し続ける可能性があると論じた。また国内的にも、小売り・サービスのネットワーク化や環境管理などの業際技術で、今後革新が生まれる可能性は十分にあるだろう。しかし、他方では「仕切られた多元主義のジレンマ」が深刻化し、こうした主導的たりうる産業の国際競争力を疲弊させる危険性のありうることも指摘した。仕切られた多元主義のジレンマからの脱出口はありうるのだろうか。

人々の限界合理性・進化的圧力・制度的補完などの複合結果として、一国経済の内部ではどこでも、多かれ少なかれ同質的な、組織慣習がうまれがちである。しかし、国際間では多様な組織慣習が生成してくる。人々の限界合理性の働きの、意図せざる素晴らしい結果である。しかし、本章では、自由貿易を通じては、組織の多様性からの潜在利益は完全に利用しつくしえないことを明らかにした。この命題は、全ての財が貿易可能で、輸送、保存などの点でなんらの費用もかからない純粋に理論的な状況を想定してさえ、成り立つのである。貿易不可能な財やサービスの存在を認識すれば、この命題はいっそうの力を持つ。

ところで、リカードの古典的貿易理論の場合、一国経済の比較優位の源泉となる要因は、それ自体国際間に移動不可能な労働、土地、資本などの「本源的生産要素」の相対的存在量であった。それらは、まず貿易可能な生産物に転換されることによって、世界は貿易の利益を享受できるのである。しかし、本書の強調したことは、限定合理的な人々が構成する世界が利益を受けるのは、人工物である「組織型」の多様性からである。それは、理論的には、本来どこでも、いつでも、人間の意思によって構築可能のはずのものである。

しかし、誰でも知っているように、実際には、支配的慣習とは異なった新しい組織型の確立は、創造的革新であれ、外来型の移植であれ、そう容易なものではない。新しい組織型を支えるのに必要な技能タイプは、経済の中に蓄積されていないかもしれず、また既存の組織型を支える制度体系は異種の組織型の実験に対しては、親切でないかもしれない。この点は、仕切られた多元主義を実行する日本経済には、ことのほか重い負荷としてかかってくる。仕切りは、新規参入者に対して高く設けられているからである。これに対して、アングロ・アメリカン・システムのように、産業の自由参入を規制の建て前としている経済は、異種の組織型の実験に対して、より寛容な制度体系を持っている。

だからといって、日本経済をアングロ・アメリカン・システムにならって再構築しようといっても、非現実的であり、また多様性の経済利益の追求にも逆行している。第3章の数値例が示しているように、日本的な組織均衡（J均衡）から、いったんアングロ・アメリカン的な組織均衡（A均衡）に移行するという迂回を経て、多様性からの利益（P均衡）を実現しようと試みるのは、均衡移行の費用が余計にかかるのである。日本的な組織均衡（J均衡）のなかに機能型・情報異化型の組織の利点を取り込んで、組織の多様性からの利益を実現しようと試みることが、移行費用の節約という点でより効率的なのである。

したがって仕切られた多元主義のジレンマを最終的に解こうとすれば、従来の情報共有型の組織型が非効率な産業において、新しい組織型の実験が可能となり、存立可能となりうるような、制度改革が必要となる。また日本型の水平的ヒエラルキーが組織革新となった産業においてさえ、それがいつまでも絶対的な優位性を保持しうるという保証はない。とくに、IT産業のように、さまざまな企業間の合従連衡《がっしょうれんこう》が予想される分野では、自己完結的な水平的ヒエラルキーの運営では、効率的に適応できないということがあろう。こうした産業において関連性のあるシステム環境情報は多数の業際にわたり、その処理は、一企業に蓄えられた情報処理能力を超えたものになる可能性が十分にあるからだ。しかし、こうした産業において適応性を持つ組織型は、どのようなものであるか、いまだ明らかではない。アメリカにおいてすら、さまざまな情報異化を原理とする組織型とその連携が実験されているのが実状である。適応力を持った組織はそうした実験と競争を通じて、徐々に淘汰選択されていくのであろう。だとすれば、日本が比較的競争力を持つ産業においてすら、組織実験を許容するような方向に、仕切られた多元主義の枠組みは修正される必要があるだろう。

仕切られた多元主義は、その性質上、なんらかの利益集団の既成権益を脅《おびや》かすような制度改革について保守的であり、ドラスチックな制度改革は政治的に容易ではない。しかし、すでに示唆したように、仕切られた多元主義は、それ自身の成熟と国際環境の変化とが不可避的にもたらす疑似レントの消滅によって、もはやそのままでは維持しえないのである。すでに繰り返し強調したように、そうしようと試みることは、結果として比較優位にある産業をも失うことになる。したがってあらゆる産業分野においてその仕切りを低くし、内外の多様な組織型の新規参入を許容することによって、新たな活路を見いだすことが、いまや不可避の選択肢となっているといえる。多様性からの経済利益を内在化しうるための、痛みを伴う国民努力が日程にのぼっているると言わなければならない。

多様性のガバナンス――純粋持株会社制の解禁

多様性の経済利益とそれを実現するための参入規制の緩和を一般論として声高に論じることはやさしい。しかし、繰り返し本書で述べてきたように、公式・非公式の制度体系は特定の組織慣習を効率的に維持するために生成されてくるのである。したがって、一部の制度・規制を撤廃したからといって、ただちに新しい組織型が形成されたり、多様性が現実化したりするというものではない。多様性を生成すること自体が、新しい規制の体系や私的な秩序、非公式な慣習などの形式を必要とするであろう。しかも、第6章で、移行経済についてみたように、経済の歴史的制約条件から遠く離れた制度体系を移植しようとしても、内在的な進化過程に打ち勝つことは難しいのである。

ここで、第３章で定式化したようなランダム・マッチングにもとづく進化ゲームで、非最適な複数均衡が生じうるのはなぜであったかをもう一度思い起こしてみよう。もし社会に支配的な（技能形成）戦略とは異なった戦略をプレイヤーが採用すると、ミス・マッチングによる大きなコストをかぶるリスクが生じる。したがって、プレイヤーには、いったん社会において支配的となった戦略に同調することが限定合理的になるのである。しかし、もし社会に支配的な戦略でなくとも、それを採択するもの同士のマッチングの確率が高くなるならば、異種の組織型の存立可能性は高くなり、やがては多様な組織の棲み分け均衡が生成するかもしれない。そうした局所的マッチングの含意を最初に示唆したのは、フランスのレギュラシオン学派のアンドレ・オルレアンとロベール・ボワイエである。「局所的」マッチングの実現可能性には、非支配的な技能タイプの結合を媒介し、動機づけうるようなガバナンス構造の生成が一つの焦点となりうるであろう。

このような理論的視点から、この最終節では日本における純粋持株会社制度の解禁について取り上げる。コーポレート・ガバナンスの構造は法的制約の枠内で企業の分権的な選択対象である。したがって、仕切られた多元主義の保守的枠組みのなかでも、いったんその法的禁止が解除されれば、その選択の望まれるところでは、自発的に導入されうるであろう。しかし、水平的ヒエラルキーのうまく機能するところではそれが存続し、その劣るところでは他の組織型の導入に道を開くという、選択的な組織編成を可能にするうえで、なぜ純粋持株会社の導入が貢献しうるのであろうか。

周知のごとく、日本では、財閥解体の過程を通じて純粋持株会社は消滅し、それは独占禁止法第九条によって法的にも追認されることとなった。これは敗戦・占領軍管理という特殊な事態の下ではじめて可能となった、世界にもまれな禁止規定である。この法のもとで認められているのは、いわゆる事業持株会社、すなわち特定の事業を本業として営む会社による、関連子会社の所有のみである。では、これまで不都合のなかったと思われる純粋持株会社の解禁が、なぜ、今となって望まれるのか。いいかえれば、なぜ事業持株会社では限界があるのか。

事業持株会社においては、会社の戦略部門と主要事業部門とが同一の組織の器の中に収まっている。新産業への進出に関する戦略決定が、旧通産省の原局を媒介者として国家レベルでの産業政策として行われ、後は各企業が、それぞれの水平的ヒエラルキーの進化によってその実現効率を競うという経済の発展段階では、こうした組織のあり方も、まず問題はなかった。むしろ、それは継続的な商品開発や製造工程の組織革新・技術改良を実現するうえで、かえって有効であったとさえいいうるであろう。

これまで製造業会社の社長の多くは、会社の主要事業部門の技術＝製造や営業、あるいは本社の人事部門を経て、選抜されてきた。現場とトップのあいだの人的・心理的・情報的距離の近接性は、市場や製造に関する現場情報を、商品開発や事業多様化に関する戦略決定にフィード・バックするという、水平ヒエラルキー型の組織運営を管理するうえで、きわめて有効であった。また企業組織の成員の選抜・異動配置・昇進などの人事を系統的に管理することは、情報共有を原理とする日本型組織を人の面から支えるうえで、戦略的重要性のあったことも疑いをいれえない。こういう、現場近接型の経営管理組織の形態は、産業分野、商品分野によっては、依然として有効でありつづけるであろう。しかし問題は、現在の純粋持株会社禁止の規制は、こうした組織型を斉一的に、あらゆる企業に強いることとなっていることである。その結果、どのような不都合が生じうるか。

一つは、戦略部門が現場にあまりに近すぎると、戦略的思考の柔軟性やパースペクティブの広がりが犠牲にされがちとなることである。社長が出身事業部の新製品の市場成果に一喜一憂したり、欠陥商品の責任をとることを余儀なくされたりする。しかし、技術革新や市場開発の速度が早くなり、一方国際競争が激化して、業際的・国際的な企業間連携や会社資産の買収・売却が会社戦略の策定にとって重要性を帯びてくると、戦略的決定を担当するものは、経常的な事業からある程度の距離を持って思考する必要が生じてくる。しかし、そうした距離を保つことは、情報共有を原理として進化してきた組織の中ではなかなかに難しいことである。だからといって、経済産業省が戦略決定機能を代行しうる時代でも、もはやない。たとえば産業規格もまだ明瞭に浮かび上がっていないIT産業などへの進出決定は、企業レベルにおける分権的、かつ多元的な戦略的決定が、併存し、競争することが、システム進化論的に本来的な優越性を持つはずである。政府の一元的コントロールは、企業のあいだに不可避的な情報同化作用をもたらし、誤りから生ずる社会的コストをひじょうに高いものにするであろう。かくして、企業レベルで、戦略的部門と事業部門とを、ある程度距離を持った別々の器にいれる必要性が生じてくるのである。

以上の論点と関連したことであるが、事業部門を斉一的に子会社化することは、本社に統合された事業部門と子会社事業部門とのあいだにある差別的な区別を解消することにも役立とう。このことは、海外子会社が事業での比重を高めるに従い、経営における内外格差を取り除くうえで役立つばかりではない。それは、情報共有型の組織にある欠陥を、その利点を失うことなく、部分的に修正する枠組みを提供しうる可能性もある。

すでに第2章で述べたように、情報共有型の組織は、職務・業務のあいだに強い補完関係があり、そのあいだで緊密な活動調整の必要がある場合には情報効率的であるが、組織内の活動がいっせいに同一方向に動くために、職務・業務のあいだに資源競合性のある場合には、内的資源の有効活用を達成しえないとされた。さらに、新しい産業の形成期や、不確実性の高い開発活動では、異化された情報が共存し、それにもとづいた異質の活動が進化的に淘汰選択されていくことが望ましいであろう。たとえば、放送会社はマルチメディア産業における開発戦略において、ケーブル・テレビによる双方向通信という可能性に開発資源を集中しようとするであろう。経営者や従業員は、おしなべてそうした方向に情報同化しているからである。しかし、マルチメディア産業の将来は、むしろコンピュータ・ネットワークの延長線上にあるかもしれないし、あるいは通信衛星を介した無線デジタル通信を手段とする方向に発展するかもしれない。しかしこうした異質の可能性を同時に追求することは、情報同化型の組織においてはなかなかに困難なことである。しかしもし、放送事業部門は、純粋持株会社傘下の一子会社にすぎないということであれば、本社は、放送事業と競争的な他の事業部門にも、子会社や合弁会社の結成を通じて参入することが、より容易となるであろう。

こうした観点からいえば、最近導入された銀行による証券子会社の設立の規制緩和も、中途半端なものであったという批判を免れえないであろう。それは、事業会社による分社化と同じような欠陥を持つからである。メインバンク性が有効に機能しているときには、銀行業と証券業に仕切りを設けるという仕組みは、第5章でみたように、規制枠組みとして整合的であったといえる。しかし、企業の銀行からの自立化が進み、証券発行が優良企業の長期資金調達の主流となると、銀行業と証券業とは、同じ土俵のうえで競争することによって、進化的な選択淘汰を受けることが望ましい。そのためには、金融持株会社のもとで、銀行・証券・信託の子会社が統括されるという制度改革が本来望ましかった。そうすることが、従来銀行に偏在していたモニタリングの人的資源を、新しい環境に応じて進化的に再配分するうえでも効果的であったろう。しかし銀行による証券の子会社化は、証券業の発展をあくまでも従のものとしてとどめようというインセンティブを、銀行本体に生み出すことになるであろう。

本社機能と事業部門の分離を望ましいものとする第二の論点は、人事管理の側面からのものである。事業持株会社制のもとでは、本社は給与・昇進・年金・賞与などの点で、やや固定化した人事管理体制を制度化した事業部門を内部化している。それらの制度は、従業員と企業組織の結合を永続化させることによって、水平的ヒエラルキーの運営に必要な文脈的技能の形成に貢献してきた。しかし、その制度化はともすると、年俸契約制、業績に応じた報酬、技能に応じた待遇の差別化などを難しくしてきた。事実、日本の事業会社が多くの子会社をスピン・オフしたり、下請けに依拠するのは、往々にして、硬直化した本社人事制度とは異なった人事管理を実行したいからである。しかし、その結果、本来、統合されるべき業務が本社と子会社、ないしは下請け会社に分離してしまうというようなことも生じる。純粋持株会社の一つのメリットは、人事管理制度を事業部門の一律子会社化によって、分散化しうることである。すなわち、子会社のそれぞれが業務の態様や、労働条件の違いによって、異なった人事管理を選択しうることにすれば、従来の「日本型」の雇用制度がメリットを持つところでは、それを壊すことなく、雇用形態の多様化を徐々に制度化しうるであろう。

また、純粋持株会社化は特殊技能の有効利用にも役立ちうるであろう。たとえば、財務、国際交渉、法務、開発評価などにかかわる知識と技能は、現在の国際事業環境においては、急速に陳腐化しうる。しかし、こうした分野で最新の訓練を受けた若年の専門的技能者の有効活用は、事業持株会社制のもとでは、本体事業部門の年功序列体系によって阻まれている。純粋持株会社制が採用可能となれば、そうした専門知識の所有者は、本社スタッフとして、事業部門の人事給与体系とは異なった扱いが可能となろう。そして、彼らは専門知識の生産性がピークを過ぎた段階では、子会社の管理者として派遣されるというように、これまでの日本的雇用慣行とある程度折衷させることも選択的に可能であろう。

純粋持株会社制の解禁が望まれる第三の理由は、金融面からのものである。すでに述べたように企業の銀行借入れの依存度の低下から、メインバンクによる企業業務のモニタリングには陰りが生じている。銀行借入れに依存しない経営者は、もはやほとんど外部からのモニタリングから自由な状態となっている。バブル時代の経営者による数々の犯罪や不祥事は、外部のモニタリングの不在のゆえにチェックされえなかったのである。純粋持株会社の一つの機能は、財務のコントロールを通じて事業子会社経営者に対するモニタリングを行うことであろう。子会社の経常的なキャッシュ・フローを観察することによって、事業経営の異常は早期に発見されうるであろう。そして、財務上の困難の発生を条件として、本社スタッフが経営に介入するようにすれば、状態依存的ガバナンスが内生化しうることになるであろう。

したがって、究極的な問題は、誰が純粋持株会社そのものをモニタリングするかということである。純粋持株会社の解禁に関して、公正取引委員会は財閥の復活とはいわないまでも、金融系列の強化とそうした可能性に対する外国の批判を憂慮しているという。しかし、純粋持株会社の解禁によって、現存の巨大事業会社のいくつかが多産業部門にわたって、単一の純粋持株会社の傘下にはいることを選択することはありえないように思われる。おそらく、巨大会社の経営陣は、事実上の会社支配権をそうした形で自発的に断念しようとはしないであろう。また会社支配の市場が最も発展したアメリカでさえも、純粋コングロマリットは、コーポレート・ガバナンス構造として有効な機能を果たしえなかった事例が顕著である。そうした形式の経済支配が現実に脅威としてあるならば、それは反独占規制によって処理されるべきであろう。

したがって、純粋持株会社制の解禁によって生じるのは、既存事業会社が事業部門を子会社としてスピン・オフするという形態がおおむねとなろう。それに関連企業が、事業上の合併によって親会社を新たに設立し、それぞれが子会社として残存するという場合もありえよう。いずれの場合にも、親会社の株式所有構造には現在の事業会社のそれから大きく隔たるということはないであろう。したがって、会社コントロールの市場による親会社のモニタリングを期待するのも非現実的である。また会社コントロールの市場の最も発達したアメリカにおいても、それは会社モニタリングのメカニズムとして急速に有効性を失いつつあることをすでに第4章で述べた。

だとすると、残されたオプションは、既存の主要株主である機関投資家、銀行や生命保険会社、および会計監査人に対し、これまで以上に積極的なモニタリングの義務を課すことであろう。たとえば純粋持株会社制の解禁にあたっては、子会社の決算の開示に厳格な規準を課し、またその取締役会には三分の一以上の外部取締役の指名を要件とし、彼らに厳しい受託義務（fiduciary duty）を負わせるなどという会社法上の改革が必要になろう。

純粋持株会社に期待されうるもう一つの機能は、ベンチャー金融機能である。日本の銀行の事前的モニタリングの能力は長期顧客関係にある企業の経営的・組織的能力の評価に傾斜していて、ベンチャー企業の金融に必要な技術評価能力の蓄積に関しては、アメリカのベンチャー・キャピタリストに比して大きな後れをとっていることをすでに第5章で述べた。証券会社の技術評価能力の蓄積の低さについてもいうまでもない。新技術の潜在的可能性やその商業化の可能性に関する評価能力を、日本において最も蓄積しているのは、なんといっても事業会社そのものである。純粋持株会社はそうした評価能力を本社において集中することにより、日本には欠如しているベンチャー・キャピタリスト的機能を発揮しうるようになるかもしれない。そして、純粋持株会社の解禁が、連結税制の同時的な導入と連動されうるならば、そうした機能に必要な資金の持株会社における集中と効率的運用をも可能にしよう。

もし、純粋持株会社がベンチャー・キャピタリスト的機能と人事制度の多様化の担い手となりえ、かつ多様な雇用契約の中には特殊技能の形成者に対する有限契約制などをも含むということになると、それは従来の日本型の組織型を支えた制度体系の内部に、これまでとは質的に異なった下位制度（sub-institution）を形成することになるであろう。すなわち、それは専門的な機能的な技能形成を動機づけ、それらの結合を金融的に媒介する仕組みとして機能しうるであろう。

純粋持株会社制度はたとえ解禁されたとしても、その採択は個別の企業の選択事項である。この点からいっても、純粋持株会社制度の解禁が、日本経済における仕切られた多元性のジレンマを解く魔法の杖とはなりえないことは明らかである。だが、それを禁止する格別の理由もみあたらない。しかも、それは、日本経済の中に組織型の多様性を内在化するための、穏やかではあるが、政治的に十分に実施可能な、改革の道筋を示しているように思われるのである。財閥復活や外国による系列強化批判を恐れて、純粋持株会社の解禁に逡巡することは、時代錯誤と国際認識の欠如として、世の批判の俎上にのぼらされてもやむをえないであろう。

〔学術文庫版への付記〕

この章の終わりでは、純粋持株会社の解禁の必要性について述べ、その反対論に批判をくわえている。当時著者は通商産業省の「独占禁止法改正研究会」に参加し、積極的に解禁論を主張し、一九九七年に及んで解禁は法的に実現されることになった。それ以後、それまでの旧財閥系企業グループを越える企業連携や、M&A、会社資産の部分的売却による企業再生などが盛んに行われるようになり、日本の産業構造は九〇年代初頭のそれとは様変わりになったのは周知の通りである。

第8章　制度とは何か、どう変わるか、そして日本は？

制度とは何か

日本は制度変化の過程にあるといっても、制度とは何か、について共通の理解がない限り、意味がないか、賛同しかねる人も多いだろう。だが厄介なことに、経済学者、より広くには社会科学者のあいだにも、制度とは何か、についてまだ明確な合意はないのである。

制度というと、ＩＭＦとか、特殊法人とか、ロー・スクールとか、社会システムにおいて顕著な役割を果たす人工的「組織」を思い浮かべる人たちがあるだろう。また他の人々はＷＴＯの貿易紛争処理ルール、有価証券取引法などの「明文化された法や規則」を制度と見なすだろう。世界銀行がその『二〇〇一年世界開発白書』で、経済の成長を規定する一つの要因として、「制度の整備が重要だ」という主張を行ったとき、それはこうした組織や法の整備のことを主に念頭に置いていたと思われる。

しかし、守られない法もある。たとえば、ある国が麻薬の使用を規制する法を制定し、その実効化を税関局という行政組織にゆだねたとしよう。しかし、税関吏に賄賂を渡せば麻薬を密輸入することができる、という了解が一般化したらどうだろうか。死文化した麻薬禁止法より、賄賂の蔓延という事実のほうが制度とよぶにふさわしい、という考えもありうるだろう。日本のかつてのメインバンク制度や終身雇用制度も一般に「制度」といわれているが、それらはもともと法や契約で明文化されたものではない。むしろ銀行、雇用者の役割について、国民のあいだに広く分かち持たれていた了解・予想として、自然に生成したものなのである。かくして一部の社会学者は、握手、お辞儀などという慣習をも制度と見なす。最近では、経済学者でもそういう考えの基本を受けいれる人たちが少なくない。

単なる定義の問題であれば、誰が正しく、誰が正しくないか、をいうのは難しく、目くじらを立てて言い争うほどのことはないだろう。が、社会科学においてどういう定義や概念化が「適切」かは、分析の目的に依存するといってよい。そして、今の世の中を理解するうえで重要なのは、社会や経済のパフォーマンスを規定するような制度の実質は何か、それはどう変わりうるのか、という問題だ、と私は考える。

制度は組織や法、と見る人たちは、制度を変革するには組織を意識的に改廃し、法を変えればよい、と見るだろう。特殊法人改革の遅れなどで小泉内閣を「改革から後退した」と批判する人たちの制度観も、突き詰めてゆくと、こういうところに帰着するのではないか。私は特殊法人はできるだけ廃止すべき、という認識においては人後に落ちないつもりであるが、制度が簡単に法律で変えられる、という考えは、むしろ危うい含意を持っていると思う。それは、制度はエリートやエキスパートのデザインによって簡単に変えられる、という考えに連なり、そして期待された役割をエリートないしは政治家が充足していない、と見たとき、それは（非合理な）情緒の噴出に導くかもしれないからである。

実際、経済や社会のパフォーマンスは、政治的・経済的エリートによる法や組織のデザインと無数の人々による行動選択の相互作用で決まる。前者が後者の行動を完全に規定しうるのでもなければ、後者は受動的な砂粒のような存在にすぎないのでもない。このことを、少し違った角度ではあるが、アダム・スミスがその最初の大著『道徳情操論』で次のように述べている。

「人間社会という偉大なチェス盤において個々の駒はどれも立法府が課そうとしている原理とは異なった独自の行動原理を持っている。この二つの原理が一致し、同じ方向に作用するのであれば、人間社会のゲームは容易かつ調和的に続けられ、適切で首尾良きものとなるだろう。それらの原理が正反対に作用したり、あるいは異質のものであれば、ゲームは惨めな形で続けられ、社会は常に最高位の無秩序に落ちることになるだろう」(一七五九年)

さて、このアダム・スミスの文章を引用した理由はもう一つある。それは、この文章が二〇世紀におけるゲームの理論の発展に遥か先立って、(おそらく最初ではないかもしれないが)人間社会をゲームに喩えているからである。

この伝でいうと、組織を制度と見る人は、いわば制度をゲームのプレイヤーないしはレフェリーに類推しているといえよう。また成文化された法を制度と見る人は、それを明確に定義され、レフェリーによって強制される「ゲームのルール」に類推しているといって良いであろう。ゲームのルールという考えは、なるほどわかりやすい制度の概念化である。しかしこの概念化には一つの難点がある。それは循環論法の陥穽に落ちいる危険性である。つまり、ゲームのルールを誰が決めるか、という問題である。

ダグラス・ノースはその著作で、制度を「公式・非公式のゲームのルール」と概念化した。非公式のルールとは進化的に生成される慣習などを指すが、公式のルール

（憲法、所有権法、契約など）は政治の領域で定まるとした。しかし政治も一種の社会ゲームである。政治ゲームのルールはどこで定まるのだろうか。

もう一つこれと関連しているのが、ルールの実効化（enforcement）の問題である。先ほどの麻薬禁止法の例をとろう。このゲームのルールは税関吏というレフェリーによって強制されるというのが、「制度＝ゲームのルール」論の含みといえるが、レフェリーはそうしたルールを強制する動機を必ずしも持っていないかもしれない。衆人環視のスポーツの中で、レフェリーがジャッジにおいて公平であろうとするのは、公平な審判としての評判を保つためといえるだろう。これも一つの人間動機である。事実、オリンピックというような場でも、さまざまな思惑から決定を歪める人もいる。まして、社会ゲームでレフェリーとでもいわれるべき役割を期待されている人たち（裁判官、警官、許認可委員会、オンブズマンなど）の動機のコントロールはそう自明のことではない。いわば社会ゲームにおいては、レフェリー自身、動機を持ったプレイヤーだ、と考えるべきだろう。このときゲームのルールはどう実効化されうるのだろうか。

こうしたゲームのルールの形成・実効化にかんする堂々巡りから抜け出すには、制度をいろいろな社会ゲームの内部から創発し、自己拘束的（self-enforcing）となったルールと見なすことである。そこで、制度を次のように概念化してみよう。

制度とは、人々のあいだで共通に了解されているような、社会ゲームが継続的にプレイされる仕方のことである。

こうした了解が人々のあいだで共通に成り立ち、そして維持されるのは、そういうゲームのプレイの仕方が一種の安定均衡となっているからである。もう少し専門的にいうと、それは映画『ビューティフル・マインド』の主人公である天才数理経済学者ジョン・ナッシュが概念化した、いわゆるナッシュ均衡を反映しているからである。つまり、自分が違ったプレイの仕方をしようとしても、他の人々がしきたりに従っている限り、得にならないような状態である。たとえば他の人が皆、賄賂を取っているので、麻薬輸入を法に従って取り締まろうとしても馬鹿馬鹿しく感じられる、というような状態である。したがって、賄賂を贈受することが広くゲームのプレイの仕方、すなわち事実上のルールとして、了解されることになる。

英語では、制度を意味するinstitutionという言葉は、国家（state）と同じくラテン語の「現状を保持する」という意味のstare、「存続」ないし「状態」を意味する

status から派生したといわれる。ところが、この同じ言葉から英語でいう stable（安定）も派生したという（R.Williams, *Keywords : A Vocabulary of Culture and Society*, Oxford University Press)。制度を均衡状態として概念化する意味的根拠もありそうである。

制度を右に定義したような意味で捉えるならば、それは非公式な慣習という形をとることもあれば、コモン・ローとして凝縮することもあろう。しかし、成文法はそのまま制度となるわけではない。それは公式の外形的なルールを定めるが、人々の動機をつうじて、立法者の意図しなかったゲームのプレイの仕方を生み出すことがあるからである。少し違ったいい方をすれば、形式は同じ法ルールでも、人々の動機の持ち方や能力、あるいは歴史的経路の違いによって、多様なゲームのプレイの仕方、すなわち制度の多様性が生じうる。同じ野球のルールのもとでも、メジャー・リーグと日本の高校野球のあいだに異なったプレイの仕方が生じるようなものである。

もう一つ、ここでの制度の概念化は「共通の了解」という心理的な要素を取り入れていることにも注意を喚起しておきたい。英文の著書では、日本語でそのニュアンスを十分伝えられないが、shared beliefs（共有された予想）という言葉を用いた。この beliefs という言葉には、ゲームの理論では確立した用語法があり、「信念」というより、他のプレイヤーがどういう行動をとるか、についての「予想」を指す。このような擬心理的な側面は、後にみるように制度変化のメカニズムを考える際、重要な役割を果たす。

それにしても、制度として成り立ちうるような共通の了解ないしは共有予想はいかにして生み出され、維持されるのか。その根拠については、人々の嗜好をブラック・ボックスとみる方法論的個人主義の立場に立つ古典的なゲーム理論の枠組みのもとでは、うまく説明がつかないかもしれない。しかし最近の認知科学は、ミラー・ニューロンの発見をつうじて、人間が他の人間の心的状態や行動動機を推察しうるメカニズムの解明に迫ろうとしているようだ。進化心理学者のコスミデス＝トウビー（カリフォルニア大学サンタ・バーバラ）や、経済学者のフィールド（サンタ・クララ大学）、ボールズ（サンタ・フェ研究所）などは、そうした研究成果に依拠しつつ、方法論的個人主義では説明のつかない、一見利他的とも見えるような社会的規範の発生・維持のメカニズムを考えようとしている。興味ある可能性である。

なぜ制度は頑健で、多様なのか——制度的補完性

制度を均衡状態の反映とみる考え方の一つの大きな利点は、社会システムのさまざ

まな制度がランダムに結合しているのではなく、それぞれがお互いの存在価値を補強しあっている、という直観的な概念に、しっかりとした分析的な根拠を与えうることである。たとえば、高度成長時代の日本の情報共有型の組織アーキテクチャ、組織にたいする忠誠心という規範、終身雇用制、メインバンク制度という独特の会社モニタリング（コーポレート・ガバナンス）、それから後に改めて議論する「仕切られた多元主義」という政治経済（国家）制度は、それぞれ独立に存在していたのではなく、お互いがお互いの有効性を強めあって機能していたとみることができる。したがって、それらの一つ一つを独立に、法や組織のデザインによって変えようとしても、なかなかに困難かもしれない。

しかし、そうした直観を裏付ける分析が必要である。制度的補完性は、一九九〇年代のはじめにスタンフォード大学経済学部の比較制度分析のフィールドで初めて明確に概念化され、またその存在を証明するための分析的用具が開発された。それはまさしくゲームの理論の戦略的均衡の概念にもとづいているのである。

たとえば、AとBという二つのゲーム領域で、それぞれ、a'とa"、b'とb"という均衡がありうるとしよう。しかしa'という均衡は、Bにおいてb'という均衡が成立しているときにのみ可能で、a'とb"というようなコンビネーションはありえない場合がある。これが制度的補完性の厳密な定義である。こうした可能性の存在するときには、Aの領域でa'プラスa"というような可能性も厳密にはありえない。したがって制度のハイブリッドなどという概念も、実は不用意に用いるべきではないのである。しかもa'とb'の均衡が生ずるということは、その結合が、a"とb"の結合より、効率的であるということを必ずしも意味しない。かくして制度的補完性の概念は、制度の多様性、非効率的な制度の存続可能性の条件をも明らかにすることができるのである。

より具体的に、社会ゲームのプレイされる領域としては、次のようなものが考えられるだろう。

——政治的権力と支持が政府と人々のあいだに交換される政治領域
——社会的なシンボル（言葉、ゼスチャー、贈答品など）が人々のあいだで交換される社会交換領域
——財が人々のあいだで共同使用されうる共用財領域（コモンズ）と（私有）財が人々のあいだで交換される経済交換領域
——組織において権限と貢献が交換される組織領域

これまで、これらの領域はそれぞれ政治学、社会学、経済学、組織科学という別々の分野で扱われてきた。そしてこれらの分野のそれぞれで国家、社会規範、所有制度と市場のガバナンス、組織アーキテクチャとコーポレート・ガバナンスなどの制度が研究対象としてとりあげられてきた。しかし『比較制度分析に向けて』（青木2001年）で概観したように、こういう制度にはそれぞれ多様な形態がありうるが、それらはいずれもゲームの複数均衡として理解されうる側面があるのである。そしてすでに示唆したように、一つの領域でどの均衡が、したがってどのような制度が、実際に生成しうるかは、他の領域でどのような均衡（制度）が成立しているかに相互依存するのであるから、国の政治、経済、社会、組織の全体にわたる制度様式にも多様性が存在することになる。このように、ゲーム理論的な制度論は、従来の社会科学の分野の仕分けを克服する超分野的（trans-disciplinary）なアプローチの可能性を示唆するのである。

制度はどう変わる

これまで強調してきた、制度の自己拘束性ないしは均衡性、共同了解という擬共同的心理的側面、制度の補完性、これらを総合して考えると、制度変化の過程はそれを実際に推進することも、理論的にそれを理解することも、そう生易《なまやさ》しいことではないことが解る。

制度変化はまず一つの均衡から他の均衡への推移を意味する。そういう推移は現行の一般的に了解されたゲームのプレイの仕方にかんして、人々のあいだで心理的な懐疑、動揺が同時的に起こることをその引き金とするだろう。そうした動揺は、外国経済と比しての競争力低下というような外部的ショック、または何らかの内部的矛盾の累積、あるいはその両者の結合によって生ずるであろう。しかも、そうした均衡移動は、社会ゲームのあらゆる領域で、スピードの緩急の差はあれ、補完的に起こる必要がある。さらに、均衡の変化は政府と人々のそれぞれの「運動法則」、つまり動機にもとづく戦略的相互作用の結果として浮かび上がってくるのだから、誰も前もって制度変化を正確にデザインすることはできないであろう。しかし、均衡は多数ありうるのだから、人々が新しい行動戦略を模索しているあいだ、何らかの方向性が他の可能性に比して、人々の予想の共通の注目点となる必要がある。ゲームの理論でいうところのフォーカル・ポイントである。実際には、ある推移をフォーカル・ポイントとするのに法の制定、政治的リーダーシップ、公的な論争などが一定の役割を果たすであろう。また、新しいビジネス・モデルや教育モデルなどの実験とその競争をつうずる進化的選択が、新しいゲームのプレイの仕方にかんする共通了解を成立させるうえで、決定的な役割を果たすであろう。

市場・技術環境に大きな変化が生じても、制度体系のどこかにそれに対応するブレーク・スルーがないと、制度的補完性が粘着的な慣性力として作用し、システム全体が環境変化にたいする適応不全を引き起こしてしまうこともある。いわば「悪い均衡」である。しかし、どこかにブレーク・スルーがあると、制度的補完性のメカニズムをつうじて他の領域にも適応変化が誘発されるかもしれない。あるいは、適応努力がたとえ最初は微弱であっても、じわじわとすべての領域に変化が生じ始めると、それらはお互いに補完的作用を強めあい、体系的な制度変化の臨界点に近づいていくかもしれない。

アメリカが一九七〇年代半ばの底から回復したのは、どちらかといえば最初のケース、つまりシリコンバレー・モデルや金融イノベーションのようなブレーク・スルーがビジネス、金融市場の領域に生じたことであった。レーガン税制がそのプロセスに大きな弾みを与えたのは客観的事実ではあるが、こうしたブレーク・スルーはかならずしも明確に予期されていたわけではない。しかも新しい環境に適応した制度体系がはっきりとした姿を現すには、七〇年代半ばのどん底から一〇年以上の月日を要した。アメリカのような、もともと伸縮的な適応力を持っていたシステムにおいてでさえ、そうだったのである。

では日本が現在の制度不適応の症候群から脱するには、どういう変化が必要であり、可能であろうか。政治（経済）領域における「仕切られた多元主義」の克服、組織アーキテクチャの領域における「モジュール化」を二つのキー・ワードとして、このことを考えてみよう。

キー・ワード（1）――「仕切られた多元主義」

今の日本で、構造改革に反対だ、と公に表明する政治家はほとんどいないといっても良いだろう。しかし、必要な構造改革とは何か、それはいかなる道筋で達成されうるのか、という肝心なことになると、同意はほとんどない。誰でもこれ以上の財政赤字を放置しえないこと、そのためには財政赤字を縮小させるための構造改革が必要であることは認めるが、具体策となると抵抗が大きい。いわゆる「総論賛成・各論反対」という壁である。

各論反対に象徴される日本における既得権益保護の政治経済的な制度を、私は「仕切られた多元主義」あるいは「官僚制多元主義」（英語では bureau-pluralism）とよんできた。簡単にいうと、このメカニズムの本質は次のようなことにある。

まず、日本では組織の中での情報・価値・成果の共有が重要な役割を果たしてきたので、人々の組織間流動性は極めて低い。人々の人的資産の経済的価値は労働市場における競争というより、それぞれの属する組織の存続可能性、成長性によって保証され、高められる、という期待が暗黙のうちに共有されてきた。したがって組織のリーダーにとっては、それがどのようなレベルであれ、当該組織の成員の既得利益を守り、拡大するということが至上の任務として課せられる。各市場でそうした民間組織のヒエラルキー構造の頂点に立つのが、広い意味での「業界団体」である。

業界の仕切りの内部では、構成組織はたがいに競争しながら、外部にたいしては共通の利益を促進すべく、業界団体をつうじて管轄官庁の部局に働きかけ、あるいは政治家の力を動員しようとする。管轄官庁自体も同様の特質を持った組織であるから、業界団体と管轄官庁両者のあいだには、共通の利害が存在する限り、あるいは相互の凭《もた》れ合いをつうじてそれぞれの存続可能性が期待される限り、結託の構造が発生するであろう。仕切りの内部では、できるだけ全員合意的な利害調整が行われるが、さまざまな業界のあいだの利害調整は、いわゆる族議員などの政治家の介入を伴いながら、おもに行政機構内部での予算配分や権限配分の交渉をつうじて行われる。

このような業界団体・管轄部局・族議員の三位《さんみ》一体《いったい》的関係は、高度成長期に先立つ時期に「鉄の三角形」といわれた財界・官僚・政治家のエリート間の排他的な結託構造を歴史的な起源としている。しかしそれは代議民主制という枠組みの中で、次第に包括的、多元主義的なものに進化していった。したがって業界団体というとき、それは狭い意味での産業団体だけでなく、農協、特定郵便局長会、医師会、国立大学協会、遺族会など、あらゆる利益集団を含むものと考えてよい。そしてこうした包括的、多元的な結託の利益代表と調整を取りしきる政治的仕組みとして、自民党の一党支配が機能した。主に官公労組合（という擬「業界団体」）の利益を媒介した旧社会党は、そういうメカニズムの補完物として機能していた。だから一九九〇年代に現出した自社連立政権は、何も青天《せいてん》の霹靂《へきれき》の出来事ではなく、むしろ遅れてやってきた芝居だったといえるだろう。

「仕切られた多元主義」の過去には、まれにみる所得分配平等の実現、一般的な安心感の保証という大きなプラス面も存在するのであるが、もともと問題点をもはらんでいた。このメカニズムのもとでは、それぞれの仕切りの内部で既得権益者のあいだの利害調整の部分最適解が求められるが、新規参入の候補者にはきわめて冷たい。また業界と業界にわたるような業際問題の解決は、利害関係者の合意がない限り不可能であるので、大きな環境変化があるときには適応不全を起こしやすい。
また、仕切られた多元主義のもとでの所得平等は、一九八〇年代までは主に先進的な（輸出）産業が低生産性の国内産業や不利な立場にある集団の利益を、内外価格差、財政をつうずる所得移転、参入規制などの仕組みをつうじて保証することによって実現されてきた。しかしそれはやがて、国際競争の激化の中で、先進的な産業部門の競争力を失わせ、そうした仕組みそのものの維持をむずかしくするであろう。日本がまさにバブルに突入しようとしていた一九八八年に、私はこうした可能性の胚胎《はいたい》を「仕切られた多元主義のジレンマ」とよんで、次のような予測をした。

「おそらく仕切られた多元主義のジレンマはここ当分は存続するであろう。自民党・官僚連合は、福祉受益者、後進グループ、衰退産業などに対しては準代理人としての役割を果たしつつ、他方、民間産業が活発な分野では徐々に介入を控えていくというような事態が続くかもしれない。しかしながら、最終的には、このような方法ではジレンマを解消できない。このジレンマによる緊張関係が停滞と無気力を引き起こし、効率や、公平さ、政治的安定や国際間の調和などが脅かされることになるのか、或いは、日本の政治機構が、政治的緊急要請に応えて、その持ち前の柔軟さで何とか対処を続け、最終的には、多元主義や将来の国際環境とも調和し、両立しうるようなある種の解決策を見いだすことになるのか、まだ予想は困難である」(邦訳『日本経済の制度分析』筑摩書房、三〇八頁)

一九九三年に、多元的利益のあいだの調整を政治的に取り仕切ってきた自民党の一党支配は終焉したが、日本の政治領域はジレンマの根本的解決策をまだ見出せないでいる。そこで弥縫策《びほうさく》としてとられてきたのが、仕切られた多元主義の運用費用の負担を声なき将来世代に移転するということ、すなわち財政赤字の累積によって、金融産業や公共事業部門などの低生産・不利益部門を保護することだった。しかし、こういう弥縫策は「停滞と無気力」をますます増幅させるだけだろう。

他方で、利害関係者の同意によっては合理的な解決が容易に得られないような、あるいは一方の利害関係者の拒否権発動によっては大きな外部費用が引き起こされるような、業際問題も数多く起こり始めている。こうした問題を問題たらしめているのは、いうまでもなく、IT革命の進展や中国の工業力の勃興、金融市場のグローバル化などという外生的要因であるが、その待ったなしの解決には仕切られた多元主義の枠を越える政治的判断が必要だろう。すなわち、それぞれの仕切りの内部での部分最適化ではなく、仕切りを越えたシステム解が必要となる。しかしそうした解を見出し、実行に移すことは、これまで仕切られた多元主義の保護のもとにあった「弱者」の既得権益を損なうことが少なくないであろう。それだけに仕切られた多元主義は、難しい政治経済的プロセスを経なければ克服されえないであろう（私がここで指すのはいわゆる「弱者」の「既得権益」の喪失であって、弱者の失われた利益を他のメカニズムをつうじて補償することを否定しているのではない）。日本でなかなか制度改革が進まないのは、一部の人たちが論じたてているように、何も官僚という一プレイヤーがそれを妨害しているとか、政治家にやる気がないとかいう、単純な理由に還元することはできないのである。

キー・ワード（2）――モジュール化

仕切られた多元主義はマクロ的な政治経済制度であるが、そのミクロ的な基礎は人々が永続的な雇用を企業に期待するという労働の非可動性にあると述べた。この労働の非流動性ということを、それぞれの人々が家産を注ぎ込んだ家業、学卒時に選択した職業に一生コミットするなどということをもふくめた広い意味に解釈しよう。農家、小企業店主、特定郵便局長、大学教授、医者、公務員なども、それぞれの生涯をその家業・職業に捧げるという予想を持って、独自の「業界」組織に利益保護を委託する。この結果、キャリアの途中で雇用主や職業を変えるということは稀になり、またそのことが逆にキャリア途中の労働市場や家産市場の発展を抑制し、「終身」雇用制度をますます補強するということになる。

たとえば、大学教授はおそらくは自分の卒業した特定の大学に定年まで「奉職」し、企業の技術者は学卒時に就職した会社の内部での昇進にかける。そこで大学教授は自分の専門領域の研究・教育に一生専念して国際的にもその土俵で勝負するというよりは、学内の行政にも励み、卒業生の就職の斡旋をし、やがては学部長として文部科学省の大学課長に学科の増設を陳情したり、学界の重鎮として同僚や弟子のために研究費の配分に発言力を増したりなど、多面的な活躍を周りからも期待される。一方技術者も、入社時に先輩の組織するプロジェクトに配属され、現場で「わが社」の研究スタイルを学習し、すすんではプロジェクトの中核的存在となる。プロジェクト・マネジャーともなると、製造現場との情報連携にも力を注ぐ。ここで抜きんでた力を発揮すれば、やがては経営陣への昇進も夢ではないので、会社経営のさまざまな側面や他部門の同僚の評価にも関心を持つ。

この叙述は多分に図式的で、例外のあることは十分承知しているが、要は大学であると企業であるとを問わず、人々にとって自己の属する組織の内部やそれとクリティカルな関係を持つ他の組織（官庁、継続的取引相手など）との情報連携が重要な仕事であったことを例示したかったのである。そういう情報連携は何も組織内部や組織間の公式な情報チャネルのみでなく、さまざまな非公式のチャネルをつうじても行われた。バブル破裂と公務員倫理法の制定以前は、料亭や飲み屋における不透明な情報交換は日本において一つの重要な制度であった。

組織内部ないしは組織間における非デジタル的な情報交換と情報共有、それにもとづくシームレスな活動調整が、一九七〇年頃から九〇年初頭にかけて、国際市場で活躍した輸出産業を中心に、高い競争力を賦与したことは明らかな歴史的事実である。それは、それ以前の欧米の伝統的産業が上下間の情報交換を宗《むね》とした組織アーキテクチャを制度化しており、より複雑な生産システムの活動の微調整において劣っていたからである。

しかしこうした状況にどんでん返しを食らわすような、新しい組織アーキテクチャの実験が一九八〇年代に静かに進行して、一九九〇年には組織革命といって良いような変化がアメリカを中心にして起こった。これは組織デザインにおける革新とＩＴ革命の結合によって起きたもので、「モジュール化」というキー・ワードで表しうるものである。そのエッセンスについては、一九九八年に書いて『移りゆくこの一年　動かぬ視点』（日経ビジネス人文庫、二〇〇二年）に収録した「企業組織の革新――モジュール化」で述べたとおりであるが、この流れとは逆行するような組織化の広く行われていることが、日本経済の競争力低下と大いに関連していると私は考える。

現代的な意味でのモジュール化は、ＩＢＭというもともと伝統的なヒエラルキー構造を持った組織の内部で、複雑な生産物システムを設計する手法として始まった。つまりＩＢＭ３６０という途轍もなく複雑なシステムを設計するために、アムダール＝ブロウ＝ブルックスという三人の天才的な頭脳の持主が、全体のシステムを独立に設計されうる部分、すなわちモジュールに分解し、それらのモジュールが互いに従わなければならないインターフェイスの連結ルールのみを中央集権的に、前もって定めたのである。だが、いったんこうした連結ルールが定まると、個々のモジュールの設計やその改善は、他のモジュールの設計やその改善から自立して行われうるようになる。すなわち、個々のモジュールの設計に必要な情報処理はモジュールの内部に包み込まれうる。あるいは「隠される」、「カプセル化」されるといってもよい。このことの含意は大きい。システム全体の改善・革新は、中央集権的・事前的に指揮されなくても、個々のモジュールの自立的な改善を事後的に結合することによって、進化的に形成される可能性が出て来るからである。個々のモジュールの改善努力は、他のモジュールの改善努力とコーディネートされる必要がなくなるので、それだけ開発努力における情報処理の効率性は高くなることが期待される。

事実、ハーバード・ビジネス・スクールのボールドウィン＝クラークが記録したように、中央集権的に構想されたデザイン・ルールにもとづいてＩＢＭ３６０が完成すると、そのルールと整合的な個々の周辺機器の改良が、シリコンバレーなどでＩＢＭから去った技術者たちによって行われ始めた。いったんこうしたことが始まると、堰《せき》を切ったように、さまざまなスタート・アップ企業や既存企業のあいだで個々のモジュールの改善競争が行われるようになる。

こうした競争の過程で連結ルール、あるいはモジュールを結びつけるインターフェイスの標準化そのものも、進化的に、改善・創発することになるだろう。また新しいモジュールを付け加えて、システム自身がさらに複雑化していくこともありうるだろう。そうしたインターフェイス・ルールの標準化やシステム革新は実際どのようなプロセスで、どのようなアクターたちの媒介によって行われるのだろうか。シリコンバレーの場合は、ニッチ市場で主導的な地位を獲得し、スタート・アップ企業の成果を取得することによってその地位をさらに強固なものとしようとするシスコ・システムズなどの既存企業、インターフェイス・スタンダードを策定する業界団体、スタート・アップ企業をファイナンスし、その経営に関与する、経験もあり、名声の高いベンチャー・キャピタリストやエンジェルなどの総体によって、それは推進されたとみることができる。

現代の先端的産業では、モジュール化といっても、モジュールそれぞれの開発にも、多量の情報量と高度の情報処理が必要である。それを可能にしたのが、IT技術の発展であることはいうまでもない。しかし誤解のないようにいえば、デジタル化されうる情報がすべて、というわけでもない。右に述べたような、連結ルールの進化的形成の媒介者は、いわばシステムがいかに進化するか、ということにかんするロード・マッピングの仕事に競争的に携わっている。この仕事には、モジュールの開発とはやや異なったシステム感覚やまだ無定型の非デジタル的な情報を処理する能力が必要であり、実際、それらの担い手たちにはIBMなどの企業から脱出した技術者が少なくないのである。

いうなればシリコンバレーのような企業クラスターは、いわば旧IBMのような中央集権的な組織を、ルーズにばらしたものともいえるわけである。こうした仕組みを可能にしたのが、繰り返しになるが情報技術の発展とIBMなどの大企業に取り込まれて蓄積されてきたデジタル的な、あるいは暗黙的な知識の開放である。そして、その成果は開発の重複という無駄にもかかわらず、モジュールの事後的選択・結合によってシステムを進化的に発展させうるイノベーション能力なのである。

そうしたモジュール化の波に乗って、短い期間に世界的な大企業に成長した企業も少なくない。第8図（次ページ）をみよう。これらは情報通信産業の各分野における二〇年前のアメリカの代表的企業と今日の大企業を列挙したものである。今日の代表的企業で二〇年前もその地位にあったのは、ＩＢＭ、インテル、ＨＰのみにすぎない。他の企業は、小企業の開発した技術や組織そのものを買収したり、あるいは供給チェーンのデザインに特化して製造は外生化するオープン・アーキテクチャの戦略を採って成長してきたものが多い。日本で同じような表を作ったら、ＮＴＴドコモや日本テレコム、ロームを別にすれば、右にも左にも、上にも下にも同じ社名が並ぶだろう。

しかしモジュール化の本質的な強さとコストを認識したうえで、それでは日本的経営をどのように発展させるべきかとなると、当然のことながらシリコンバレー・モデルを直輸入すればいいということにはならない。日本の経済・産業がこれまで積み上げてきた成果と歴史的な経路の上に、その進化は行われるであろう。事実、日本で

第８図　アメリカの代表的企業

	20年前	今
コンピュータ(ハード&ソフト)	IBM、HP、DEC、クレイ、スペリー、アムダール	IBM、HP、デル、コンパック、ゲートウェイ、オラクル、マイクロソフト、サンマイクロ・システムズ
通信機器	ウェスタン・エレクトリック、モトローラ	シスコ・システムズ、ノーテル
通信&ネットワークサービス　その他	AT&T	MCI-Worldcom、クェスト、AOL、ヤフー
半導体	TI、フェアチャイルド、モトローラ、インテル	インテル、AMD、ソレクトロン

2001年，安延申作成（経済産業研究所ホームページに掲載　http://www.rieti.go.jp/jp/columns/a01_0017.html）

今、高い競争力を維持し、イノベーション能力を磨き上げている企業や産業には、モジュール化の基本的思想がそれなりに根付いている。

たとえば自動車産業をみよう。故浅沼萬里教授は一九八〇年代における日本の自動車産業組織にかんする先駆的な研究において、その競争力の重要な源泉が、中核企業と主要部品サプライヤーのあいだの設計の一種のモジュール化にあることを明らかにした。彼は従来のアメリカ産業にみられたような部品の設計図が前者から後者に貸与されるスキームに替えて、日本の自動車企業、なかんずくトヨタは、設計枠組みの一般的な共通理解とインターフェイスの特定化の後に、後者が設計図をデザインし、前者がそれを承認するというスキームを発展させたことを見いだした。彼によって「承認図方式」とよばれたこのスキームの下では、デザイン・プロセスがサプライヤーの下に「カプセル化」されている。その結果、生産物システムのモジュールの同時並行的デザインが可能となり、モデル・チェンジ（システム改良）のリード・タイムが飛躍的に短縮されたのである。

このように、日本の自動車産業のサプライヤー関係とアメリカの情報産業におけるオープン・アーキテクチャとの差異は、モジュール化か、否か、というより、モジュール間の連結が完全にオープンであるか、あるいは特定のモジュール供給者との継続的な関係的連結にあるのか、ということにあるといってもよいだろう（青木昌彦・安藤晴彦編著『モジュール化』東洋経済新報社　参照）。自動車生産のように、たとえば騒音減少という目的一つとっても、さまざまな部品や全体的な設計において「摺《す》り合わせ」（藤本隆宏）が必要な（専門語を用いればモジュールのあいだの属性補完性が強い）場合には、トヨタ方式の方がオープンなアーキテクチャより目的達成の有効性は高いのである。

また家庭ビデオ・ゲーム産業をみよう。ここでも、マシーンは任天堂やＳＣＥというような企業によって供給されるが、ゲーム・ソフトは多数の独立小企業の競争によって供給される。いわば、マシーン・メーカーはその設計をつうじてインフラを提供するが、すべてを自前で生産せず、小企業の持つ資源を利用することによって自己の産業競争力を強化する、というオープン・アーキテクチャ戦略を追求している。iモードを利用するデジタル・コンテンツの生産にかんしても、NTTドコモは同じような戦略をとることによって、iモード自身の成功につなげた。

しかし、すでに示唆したように、モジュール化とは全く逆行するような動きも日本にはある。日本興業銀行、第一勧業銀行、富士銀行という巨大銀行が合併して出来たみずほ銀行のシステム・ブレイクダウンが、その結果の劇的な例証である。国際的には、複雑な金融管理システムのデザインは、オブジェクト志向のプログラミングの手法で行われるというのが最近の主流である。これは、まさにモジュール化の思想と揆を一にするもので、一定の機能的にまとまった情報処理と関連データをカプセル化したオブジェクトとよばれるソフトウエアのパケットの集合を利用する。違ったクラスのオブジェクト同士は、簡単な計算の依頼のメッセージによってのみ結合されうる。そうした結合によって、まず予備的システムを構成し、次第に各オブジェクトのライブラリーを豊富化し、そこからの最良の結合パターンを試行錯誤的に模索しながら、システムを進化的に作り上げていく。これは、複雑性を処理する実際的で、有効な方法である。一方ではシステムの他の部分に影響を与えることなく部分を改善することができ、他方ではオブジェクト間のインターフェイスにかんするルールを常に明示化しておくことによって、システム全体の構造を把握することができるからである。こうした方法は、最初プログラミング理論においてというより、パッケージ化したプログラミングにたいする需要の多かったアメリカ産業において、実務的に進化したのである。

それにたいして、日本では大規模なプログラミングは顧客の個別の便宜にあわせる、あるいは自前で発展させる、という旗印のもとに、トータル・システムとして設計され、かつそれが事後的な問題発生に応じてアドホックに手直しされるというのが常態だった。データ処理会社や銀行の誇り高いシステム・エンジニアは、オブジェクト指向のプログラミング思想を理解しようとは、あるいは実施しようとはしなかった。結果として、それぞれのシステムは、彼らにも全体構造の把握ができない巨大なスパゲッティの固まりのような怪物になりあがっていった。かくして日本の銀行のメイン・フレーム・コンピュータへの投資率は、群を抜いて高い。こういう状況では、統合銀行は業務の統合に先立って、システムを最初から作り直すべきだっただろう。

それがさらに複雑となる将来業務から発生するリスクの保証にもなりうるはずだった。しかし、経営陣は多分各銀行のシステム・エンジニアたちの既得権益保護のための影響力行使に屈服して、複雑な固まりをそのままにつなげるという最悪の選択を行ったのである。結果はいわば予測されえたといえるだろう。

この事件は深刻な教訓を日本のビジネス界に与えている。企業組織内部の既得権益の調整を宗として、新しい市場や技術の条件にもとづいて大胆な組織戦略を構想しえない保守的な経営手法、複雑性を処理する新しい技術・組織思想を理解することなく、大型化によってリスクを回避しうると考える時代遅れの考え、雇用を守るという美名の下に、損失部門を丸抱えにして、不良債務や継続的損失を隠蔽する組織手法、こうしたことを継続するならば、そういう企業は遅かれ早かれ市場から退場を迫られることになるだろう。

ミクロの改革は待ったなしである。なぜなら企業は市場の競争に日夜さらされているからである。モジュール化という大きな思想的な流れに乗っていけば、企業はこれまでの「何でも自前で」主義を捨てなければならないだろう。そしてそれぞれの固有の強みに焦点をあてた個性的な経営戦略が競争力を持つようになるだろう。そのとき、横並び的に業界内部の利益を調整する業界団体の存在意義も格段に低下するはずである。またいろいろな専門的業務がモジュール化すると、それらのあいだの分離・再結合もより容易になるであろう。そして人々は、利害調整やジェネラリストとしての技能より、特殊な専門技能やシステム構想力というような能力がより高い経済価値を持つと予想するかもしれない。そうすると、人々の組織間流動性も高まるはずである。

こうしたミクロ的な変化が生じ始めると、マクロ次元での仕切られた多元主義の存続可能性にはどういうインパクトが及ぶことになるであろうか。

「業際間」問題の解決——産学連携の事例

マクロとミクロの差はおくとして、「仕切り」と「モジュール化」の本質的な差は何か。仕切られた既得利益集団も、モジュール化された作業・設計機能も、その内部は他の集団またはモジュールによる干渉から自立性を有している。しかし、それらの集団やモジュールをまとめて一つのシステムに作り上げるのは、前者では政治家によって媒介される行政的利害調整であり、後者では違ったモジュール・クラスのインターフェイスのあいだの連結ルールの設定である。前者の統合原理は固定的な利益集団のあいだの全員一致的な原理を宗とする利害調整であるため、環境変化にたいしてある特定の利益集団の既得権益を損なうようなシステム調整はなかなかに行われがたい。他方、後者ではシステム全体の改善という基準に従って連結ルールを変える、あるいはモジュールを伸縮的に分離・再結合するという、能動的な調整の役割がシステムの導き手には課せられる。こうした違いをふまえて、組織領域におけるモジュール化と政治領域における仕切りとが両立しうるのか、という問題を考えてみよう。

前節で示唆したことは、ＩＴ革命で飛躍的に増大した情報量をビジネス競争において有効に活用するには、モジュール化という一般的考えを、産業の技術条件などに応じてさまざまに具体化するということだった。しかし、どういう具体化がよいか、これには事前の処方箋はないであろう。そもそもシリコンバレー・モデルなどといわれるものも、誰かが前もって作った設計図を具体化したものではない。無数のビジネス実験の中から、試行錯誤、進化的選択、意識的な戦略がそれぞれ役割を果たして、浮かびあがってきたものなのである。

日本においてモジュール化の原理は、すでに指摘したように自動車産業におけるような先進的な応用例はあるものの、その一般的な理解は未《いま》だし、の感である。まだまだ多数の実験が競争して行われなければならないが、それが日本でどのように根付いていくか、その見通しはまだ明らかでない。だが一つ確かそうなことがある。それはおそらく従来の業界の仕切りを越えた伸縮的な（組織）モジュールの結合・再結合のメカニズムが生じていくであろうということだ。このことを少し視野を限って、産業界と大学という「業際」を例にとってみよう。

産学連携の必要性ということが、公共政策の目玉として、数年前からにわかに注目を浴びるようになった。大学の閉じた「業界」意識もさることながら、企業による自前の技術者養成・技術開発・商業化の一貫経営によっては、もはや産業が国際競争に伍していくことが難しくなってきたからである。そして一〇年前とは異なって、アメリカから「学ぼう」という動機も高まった。

しかし、もともと産学連携が日本に存在しなかったというわけではない。工学部の教授は、学生を成績に応じて就職先の会社に割振り、卒業生は研究室に出入りして教授の研究をモニターし、可能性のありそうな研究室には企業から「奨学寄付金」が払われ、見返りに研究成果の特許取得は企業が行う、などということが行われてきた。こうした特定の企業と特定の研究室とのあいだの貸し借り関係をつうじた継続的な繋がりは、企業の自前主義と補完的に、これまでは程々うまく機能してきたといえるだろう。

しかし、国立大学「教官」という制約のもとでは、教授が自ら起業する、あるいは大学院卒による起業を非常勤役員として援助するなどということは法制的なルール上無理だった。また大学側にはそれ自身に見返りのない特許取得のインセンティブはないので、特許公開をつうじて研究成果が広く産業界に移転されるということはなく、継続的な関係から排除された中小企業や新企業はイノベーションに必要な知識へのアクセスにおいて、明らかに不利な立場におかれていた。

そこで、アメリカの産学連携の少なからず皮相な観察にもとづいて、大学発ベンチャーを二〇〇〇社作るというような、数値目標が公共政策として掲げられるようになった。また、産学連携を推進するという名目にもとづいて、企業の委託研究を大学がより積極的に受託すべきである、という主張が産業界からも強力に行われるようになった。しかし、広い意味で社会のイノベーション能力と競争力を高めるような産学連携は、産業と大学の機能の境界を限りなく曖昧なものにすることによっては得られない。大学に起業のノウハウがもともと存在するわけではなく、また大学が産業の下請け機関となっても強い革新力は生まれない。

アメリカの産学連携において革新的な役割を果たしたＭＩＴやスタンフォード大学などをみると、大学と産業とがそれぞれ固有の「アイデンティティ」を維持することをその基本的思想としていることがわかる（この点についての当事者による明確なステートメントとして、ＭＩＴ技術ライセンス供与機構〈ＴＬＯ〉、リタ・ネルソン所長の総合科学技術会議科学技術システム改革専門調査会における講演が参考になる。http://www8.cao.go.jp/cstp/ を参照）。大学は、あくまでも高等教育による人材供給と限りなく基礎に近い研究をその一義的なミッションとしている。大学で生産された研究の成果を製品開発と商品化に具体化するのは、あくまでも企業または起業の役割なのである。教育・研究と開発・商業化のモジュール化といってよい。

だがすべてのモジュール化がそうであるように、モジュールとモジュールのあいだをつなぐメカニズムがなければならない。それはそれ自身が専門的機能の半自立的な凝集体であるモジュールによって媒介されうるといってよいであろう。アメリカの産学連携のイノベーションはまさにこの点にあった。組織的には大学の内か、外にあるを問わず、ＴＬＯ（技術ライセンス供与機構）、ベンチャー・キャピタリスト、コンサルタントなど、大学から産業界への知識移転や、大学人による起業を助けるさまざまな専門的組織が、大学と産業のインターフェイスに生じたということである。そして、このような仲介組織に産業界と大学の双方から、多様な専門的人材（技術者、法律家、金融スペシャリスト、起業コンサルタント、経営者）が流動的に供給された。大学教授と企業とが、直接にいわば相互乗入れのような形で曖昧に連携していたのとは異なった仕切りの取り方である。それはよりオープンで、専門化したアーキテクチャの造りである。

日本でも、このような仲介組織の意義が認識されはじめている。国立大学の中にも、本体の独立行政法人化に先立って、TLOを独立の法人として学外に設置し、専門家を学外からもリクルートして活動を始めたところがある。しかし、ベンチャー・キャピタルなどを含めた仲介組織がさらに大学周辺に簇生《そうせい》し、競争をつうじてその能力を高めていくには、産業と大学の双方からの人材の流入が必要である。日本のベンチャー・キャピタルの多くは、金融機関や行政機関の肝いりで作られてきたが、大学から産業化への知識移転にもっとも必要な機能は、技術の評価能力（俗にいう目利き）と将来イノベーション・システムが進化する道筋についてのマップを描く能力だからだ。

専門家の流動性を促す一つの鍵となるのが、国立大学の独立行政法人化にともなう大学教員・職員の非公務員化であろう。これによって、たとえば大学研究者が、時間を限って仲介機関の役職員を兼職したり、そうした経過期間を経て職業を替えるということなども起こりうるだろう。また、非公務員化は、人事院管理の俸給表や定員法の縛りがなくなるということであるから、大学がキャリア途中の企業研究者をユニークな雇用契約によってリクルートすることも理論的には可能になる。このようにして、双方向の流動性の引き金が引かれうる可能性がある。しかし国立大学の独立行政法人化はいわばゲームのルールを外生的に変更するにすぎず、モジュール化の原理にもとづく実効的な産学連携が制度としてその中から創発するか否かは、当事者たちの創意と競争によることはいうまでもない。

またすでに示唆したように、従来の仕切りを改廃するようなルールの変更（国立大学の独立行政法人化というような）によって、既存の業界の内部では、仕切られた多元主義によって保護されてきた既得権益が損われる、という予想が一部に生まれるかもしれない。俗にいう「構造改革にともなう痛み」である。大学教職員の非公務員化という改革案も当事者たちのあいだに深刻な不安感を与え、二〇〇二年三月の国立大学改革連絡会議における議決も、異例といってよい多数決で行われた。何故文部科学省は、従来の満場一致という仕切られた多元主義の制度的規範を乗り越えたのだろうか。このことを考えることによって仕切られた多元主義の超克にかんする、より一般的な示唆が得られるかもしれない。

第一に大学改革という問題が、単に大学という「業界」内部の問題としてではなく、産学連携という「業際間」の文脈で提起され、それが国民的な課題として位置づけられるようになったということがある。大学の役割にかんしてやや的はずれの提案を含んでいたとはいうものの、産業界や経済産業省による大学改革の要求は、日本の産業競争力やイノベーション能力の相対的低下という一般的認識の高まりの中で、抗しがたい社会的要請として認識されるようになった。かくして「抵抗勢力」の議論の正当性は弱まった。

第二には、こうした「業際間」の問題解決における内閣のリーダーシップの役割である。行政改革で改組された総合科学技術会議やその科学技術システム改革専門調査会では、文部科学省の最終的な態度が明らかになるのに先行して、国立大学の非公務員型独立行政法人化の議論がすすめられ、その方向に向けての流れが作られていった。また大学経営への民間手法の導入を盛りこんで、二〇〇一年七月に発表された文科省のいわゆる「遠山プラン」の作成の前夜には、小泉総理の強い意向が働いたともいわれる。このように、「業際間」の問題の解決はますます内閣のリーダーシップを要請し、またそれが効果的に発揮されたときにはじめて、システム全体としてより合理的な解が得られるということになるだろう。大学改革という事例はいわゆる「抵抗勢力」の比較的弱い「業界」から引かれたものだけに、直ちにそれが他の業際間の問題にも適用されうるとはいえないかもしれない。しかしそれが重要な一般的可能性を示唆していることも確かだと思われる。

政治的リーダーシップと選挙民の選択

では、総論賛成・各論反対の壁をうち破る内閣のリーダーシップはいかにして可能であろうか。現存する規制と現状維持を望む官僚群・構造改革の痛みを怖れる利益集団・景気対策の名を借りた保護政策に政治的基盤を求めようという与野党双方にまたがる「守旧派」的政治勢力、これらの結託構造に抗することは首相にとって可能だろうか。

当たり前のことといえるが、その如何は究極的には選挙民の選択にある。日本は一九九三年に自民党の半永続的な一党支配が終焉したときに、政治の領域では新しいゲームのルール、すなわち新しい制度の模索のプロセスが始まった、と私は思う。非自民党連立政権はみるべき成果もなく退場し、再び自民党政権が復活したが、政権交代は、それが既存の野党にたいしてであるか否かは別として、厳然たる一つの可能性として存在し続けている。選挙民の評価を度外視して、いわゆる永田町の論理で首相を選ぶということの有効性は、いよいよ問題含みであることは明白となった。

しかし選挙民が内閣にリーダーシップを委託するということは、本来、内閣に政策の形成とその実施にたいし責任をもってあたるための時間を与えることを伴わなければならないはずである。選挙民の評価といっても、テレビの視聴率のごとき感覚で行われる内閣支持率の動向によって、政治の局面が左右されるようでは、政府にたいする国民の成熟した民主的コントロールはおぼつかない。

しかし、選挙民が選挙においてより本質的な選択と意思表示を行いうるには、多分、与野党にわたる政党の再編成が必要であろう。なぜならば現状では、従来の既得権益の保護を取り仕切る政治か、あるいは業際間の問題解決のルールづくりに内閣が一定の指導力を発揮するような政治か、の対立軸が明瞭でないからである。しかしこうした対照軸が明確になるためには、まだ少なくとも二度、三度の選挙が必要であるのかもしれない。そうした意味で、我々は制度改革の可能性にかんして、息の長い展望をもつ覚悟が必要であるといえるだろう。しかし、たとえ時間はかかろうとも、日本において大いなる制度改革のプロセスが始まった、とはいえるのではなかろうか。

〔学術文庫版への付記〕

まえがきにも述べたように、本章は、二〇〇二年に書かれた論文を、一九九五年に出版された本書初版に付け加えたものである。したがって、「仕切られた多元主義」にかんする叙述が若干、第7章と重複することになったことはご寛恕願いたい。ただ、一九九五年に書かれた見通しは、その後の過程でますます明瞭になったとは言えよう。私は、かつて日本の相互補完的な制度体系の中核にあったのは「終身雇用制度」であったと考える。それが選択的・多元的な雇用制度へと進化していくのには、少なくとも一世代（三〇年）という月日が必要であろう。一九九三年、バブル破裂と自民党一党支配の終焉によって日本における大いなる制度変化の引き金が引かれたとするならば、日本の制度改革の過程はまだ道半ばであると言いえよう。しかし本章末尾で予想したように、日本の政治制度に大きな地殻変動が起きつつあることは間違いない。

KODANSHA

本書は一九九五年四月に東洋経済新報社より刊行された『経済システムの進化と多元性――比較制度分析序説』を原本とし、第8章として『移りゆくこの十年　動かぬ視点』（日経ビジネス人文庫、二〇〇二年）より「制度とは何か、どう変わるか、そして日本は？」を加え、文庫化したものです。

青木昌彦（あおき　まさひこ）

1938年生まれ。東京大学経済学部卒業。ミネソタ大学経済学博士（Ph.D.）。京都大学教授，スタンフォード大学教授等を経て，現在，京都大学名誉教授，スタンフォード大学名誉教授。国際経済学会連合（IEA）会長（2008-11年），東京財団VCASI（仮想制度分析研究所）主宰を務める。主な著書に『現代の企業』（日本学士院賞，サントリー学芸賞），『比較制度分析に向けて』，『私の履歴書　人生越境ゲーム』など。編著書に『日本の財政改革』，『モジュール化』などがある。
URL：http://www.stanford.edu/~aoki/j/
2015年没。

講談社学術文庫

定価はカバーに表示してあります。

比《ひ》較《かく》制《せい》度《ど》分《ぶん》析《せき》序《じょ》説《せつ》
経済《けいざい》システムの進化《しんか》と多元性《たげんせい》
青《あお》木《き》昌彦《まさひこ》

2008年12月10日　第1刷発行
2022年7月12日　第7刷発行

発行者　鈴木章一
発行所　株式会社講談社
東京都文京区音羽2-12-21 〒112-8001
電話　編集（03）5395-3512
販売（03）5395-4415
業務（03）5395-3615

装　幀　蟹江征治
印　刷　株式会社広済堂ネクスト
製　本　株式会社国宝社
本文データ制作　講談社デジタル製作

ISBN978-4-06-291930-2

「講談社学術文庫」の刊行に当たって

これは、学術をポケットに入れることをモットーとして生まれた文庫である。学術は少年の心を養い、成年の心を満たす。その学術がポケットにはいる形で、万人のものになることは、生涯教育をうたう現代の理想である。

こうした考え方は、学術を巨大な城のように見る世間の常識に反するかもしれない。また、一部の人たちからは、学術の権威をおとすものと非難されるかもしれない。しかし、それはいずれも学術の新しい在り方を解しないものといわざるをえない。

学術は、まず魔術への挑戦から始まった。やがて、いわゆる常識をつぎつぎに改めていった。学術の権威は、幾百年、幾千年にわたる、苦しい戦いの成果である。こうしてきずきあげられた城が、一見して近づきがたいものにうつるのは、そのためである。しかし、学術の権威を、その形の上だけで判断してはならない。その生成のあとをかえりみれば、その根は常に人々の生活の中にあった。学術が大きな力たりうるのはそのためであって、生活をはなれた学術は、どこにもない。

開かれた社会といわれる現代にとって、これはまったく自明である。生活と学術との間に、もし距離があるとすれば、何をおいてもこれを埋めねばならない。もしこの距離が形の上の迷信からきているとすれば、その迷信をうち破らねばならぬ。

学術文庫は、内外の迷信を打破し、学術のために新しい天地をひらく意図をもって生まれた。文庫という小さい形と、学術という壮大な城とが、完全に両立するためには、なおいくらかの時を必要とするであろう。しかし、学術をポケットにした社会が、人間の生活にとってより豊かな社会であることは、たしかである。そうした社会の実現のために、文庫の世界に新しいジャンルを加えることができれば幸いである。

一九七六年六月

野間省一

政治・経済・社会

マックス・ウェーバー著／濱島《はましま》　朗《あきら》訳・解説
社会主義
歴史は合理化の過程であるというウェーバーは、マルクスの所有理論に基づく資本主義批判に対して、支配の社会学が欠如していることを指摘し、社会主義の歴史的宿命は官僚制の強大化であると批判する。

511

E・F・シューマッハー著／小島慶三・酒井　懋《つとむ》訳
スモール イズ ビューティフル　人間中心の経済学
一九七三年、著者が本書で警告した石油危機はたちまち現実のものとなった。現代の物質至上主義と科学技術の巨大信仰を痛撃しながら、体制を超えた産業社会の病根を抉った、予言に満ちた知的革新の名著。

730

E・デュルケム著／井伊玄太郎訳
社会分業論（上）（下）
機械的連帯から有機的連帯へ。個人と社会との関係において分業の果たす役割を解明し、幸福の増進と分業との相関をふまえ分業の病理を探る。闘争なき人類社会への道を展望するフランス社会学理論の歴史的名著。

873・874

中村勝己著
世界経済史
ギリシア・ローマの古代から中世を経て近代に至る東西の経済発達史を解説。とくに資本主義の成立とその後の危機を掘り下げ、激変する世界経済の行方を示す好著。経済の歩みで辿る人類の歴史―刮目の経済史。

1122

中村隆英著
昭和恐慌と経済政策
経済史の泰斗が大不況の真相を具体的に解明。金輸出解禁をきっかけに勃発した昭和恐慌。その背景には井上準之助蔵相の緊縮財政と政党間の対立抗争があった。平成不況の実像をも歴史的に分析した刮目の書。

1130

J・R・ヒックス著／新保　博・渡辺文夫訳
経済史の理論
古代ギリシアの都市国家を分析し、慣習による非市場経済から商人経済が誕生した背景を証明。その後の市場経済の発展と、現代の計画経済との並立を論述した名著。理論経済学の泰斗が説いた独自の経済史論。

1207

政治・経済・社会

アダム・スミス　自由主義とは何か
水田　洋著

自由主義経済の父A・スミスの思想と生涯。英国の資本主義勃興期に「見えざる手」による導きを唱え、経済学の始祖となったA・スミス。その人生と主著『国富論』や『道徳感情論』誕生の背景と思想に迫る。

1280

スモール イズ ビューティフル再論
E・F・シューマッハー著／酒井　懋《つとむ》訳

人間中心の経済学を唱えた著者独特の随筆集。ベストセラー『スモール イズ ビューティフル』以後に雑誌に発表された論文をまとめたもの。人類にとって本当の幸福とは何かを考察し、物質主義を徹底批判する。

1425

恋愛と贅沢と資本主義
ヴェルナー・ゾンバルト著／金森誠也訳

資本主義はいかなる要因で成立・発展したか。著者はかつてM・ウェーバーと並び称された経済史家。「贅沢こそが資本主義の生みの親の一人であり、人々を贅沢へと向かわせたのは女性」と断じたユニークな論考。

1440

プラトンの呪縛
佐々木　毅著

理想国家の提唱者か、全体主義の擁護者か。西欧思想の定立者・プラトンをめぐる論戦を通して、二十世紀の哲学と政治思想の潮流を検証し、現代社会に警鐘を鳴らす注目作。和辻哲郎文化賞、読売論壇賞受賞。

1465

現代政治学入門
バーナード・クリック著／添谷育志・金田耕一訳（解説・藤原帰一）

「政治不在」の時代に追究する、政治の根源。政治は何をなしうるか。我々は政治に何をなしうるか。そして政治とは何か。現代社会の基本教養・政治学の最良の入門書として英国で定評を得る一冊、待望の文庫化。

1604

君主論
ニッコロ・マキアヴェッリ著／佐々木　毅全訳注

大文字版

近代政治学の名著を平易に全訳した大文字版。乱世のルネサンス期、フィレンツェの外交官として活躍したマキアヴェッリ。その代表作『君主論』を第一人者が全訳し、権力の獲得と維持、喪失の原因を探る。

1689

《講談社学術文庫　既刊より》

政治・経済・社会

根井雅弘著
経済学の歴史

スミス以降、経済学を築いた人と思想の全貌。創始者のケネー、スミスからマルクスを経てケインズ、シュンペーター、ガルブレイスに至る十二人の経済学者の生涯と理論を解説。珠玉の思想と哲学を発掘する力作。

1700

伊藤　誠著
『資本論』を読む

経済学のバイブル的書物『資本論』。マルクスは当時の人々の生活を見据え、資本主義経済の仕組みを分析した。その厖大で難解な名著のエッセンスとなる章句を選び出し、懇切な解説を施し、その魅力を説く。

1796

青木昌彦著
比較制度分析序説　経済システムの進化と多元性

普遍的な経済システムはありえない。アメリカ型モデルはどう進化していくか。日本はどう「変革」すべきか。制度や企業組織の多元性から経済利益を生み出すための「多様性の経済学」を、第一人者が解説する。

1930

K・マルクス、F・エンゲルス著／水田　洋訳
共産党宣言・共産主義の諸原理

全人類の解放をめざした共産主義とはなんだったのか。力強く簡潔な表現で、世の不均衡・不平等に抗する労働者の闘争を支えた思想は、今なお重要な示唆に富む。斯界の泰斗による平易な訳と解説で読む、不朽の一冊。

1931

秋元英一著（解説・林　敏彦）
世界大恐慌　1929年に何がおこったか

一九二九年、ニューヨーク株式市場の大暴落から始まった世界的大恐慌。株価は七分の一に下落、銀行倒産六千件、失業者一千万人。難解な専門用語や数式を用いず、庶民の目に映った米国の経済破綻と混乱を再現。

1935

中根千枝著
タテ社会の力学

不朽の日本人論『タテ社会の人間関係』で「タテ社会」というモデルを提示した著者が、全人格的参加、無差別平等主義、儀礼的序列、とりまきの構造等の事例から日本社会のネットワークを描き出した社会学の名著。

1956

政治・経済・社会

藤澤房俊著（解説・武谷なおみ）
シチリア・マフィアの世界
名誉、沈黙、民衆運動、ファシズム……。大土地所有制下、十八世紀に台頭した農村ブルジョア層は、暴力と脅迫でイタリア近・現代政治を支配した。過酷な風土と圧政が育んだ謎の組織の誕生と発展の歴史を辿る。

1965

ヴェルナー・ゾンバルト著／金森誠也訳
戦争と資本主義
軍需による財政拡大は資本形成を促し、武器の近代化は産業の成長をもたらす。戦争なくして資本主義はなかった――。近代軍隊の発生から十八世紀末にかけて、戦争が育んだ資本主義経済の実像を鋭く論究する。

1997

麻田貞雄編・訳
マハン海上権力論集
国家の繁栄にはシーレーン確保や海軍力増強が重要になる――。二十世紀初頭、列強海軍に多大な影響を与えた「海上権力論」。海の可能性が再び注目される今、大きな示唆に富む独創的海上戦略構想を読みなおす！

2027

レーニン著／角田安正訳（解説・白井　聡）
国家と革命
世界を震撼させたロシア十月革命の指導者による革命権力マニフェスト。代議制の欺瞞を暴き立て、直接民主主義の徹底を訴えてあらゆる妥協論を弾劾する。原則を忘れたい我々をおびやかす、歴史的挑発の書。

2090

マックス・ウェーバー著／濱嶋　朗訳（解説・橋本　努）
権力と支配
希望はカリスマを生む。だがそれは日常化する――。支配する側よりも、服従する側の動機、正当性のタイプから「支配」の本質に迫るスリリングな論考。官僚制化の必然を感じ取らせる、社会科学の必読入門書。

2091

ジョン・メイナード・ケインズ著／山形浩生訳
雇用、利子、お金の一般理論
なぜ市場は機能しなくなることがあるのか。この問いに正面から挑み、ついにマクロ経済学を誕生させた、この社会科学史上の偉業を正確かつ明快な訳文で。クルーグマンの序文とヒックスの関連重要論文も収録。

2100

政治・経済・社会

橋爪大三郎著
政治の教室
日本人に民主主義は可能なのか？　民主主義を手づくりするには、何からはじめればいいのか？　「民主主義は最高の政治制度である」と唱える社会学者の手による、実践に向けた〈政治〉の教科書、決定版！

2116

佐々木　毅著
よみがえる古代思想　「哲学と政治」講義Ⅰ
古代ギリシア最大の悪徳「ヒュブリス」とは。ローマの政治家はなぜ哲学を嫌ったのか。「政治と人生」について根源的に考える時、人は古代の思想に立ち戻らざるを得ない。政治学の泰斗が語る「政治の本質」。

2138

佐々木　毅著
宗教と権力の政治　「哲学と政治」講義Ⅱ
西洋中世を支配した教皇至上主義に、世俗権力はどう対抗したか。「聖」と「俗」の抗争を軸に、トマス・アクィナス、ルター、マキアヴェッリ等、信仰共同体の誕生から宗教改革の政治的帰結までを論じる。

2139

尾藤正英抄訳（解説・高山大毅）
荻生徂徠「政談」
近世日本最大の思想家、徂徠。将軍吉宗の下問に応えて彼が献上した極秘の政策提言書は悪魔的な統治術に満ちていた。反「近代」の構想か。むしろ近代的思惟の萌芽か。今も論争を呼ぶ経世の書を現代語で読む。

2149

新装版
日本国憲法
「人類普遍の原理」を掲げながら、戦後最大の争点でもありつづけた日本国憲法。関連資料として、英訳日本国憲法、大日本帝国憲法、教育基本法、児童憲章、日米安全保障条約を付す。語るために読みたい、憲法。

2201

根井雅弘著
経済学再入門
スミス、シュンペーター、フリードマン……。「市場」「競争」「均衡」「独占」「失業」「制度」「希少性」……キーワードも再検討する。古典派から現在にいたる多様な経済思想を、歴史的視野から捉え直す入門書。

2230

政治・経済・社会

ハンナ・アレント
川崎　修著

二十世紀思想の十字路と呼ばれたアレントは、全体主義を近代精神の所産として位置づけることで現代の苦境を可視化し、政治の再定義を通じて公共性を可能にする条件を構想した。その思想の全体像を描き出す。

2236

お金の改革論
ジョン・メイナード・ケインズ著／山形浩生訳

インフレは貯蓄のマイナスをもたらし、デフレは労働と事業の貧窮を意味する――。経済学の巨人は第一次世界大戦がもたらした「邪悪な現実」といかに格闘したか。『一般理論』と並ぶ代表作を明快な新訳で読む。

2245

歴代日本銀行総裁論 日本金融政策史の研究
吉野俊彦著（補論・鈴木淑夫）

明治十五（一八八二）年、近代的幣制を確立すべく誕生した日本銀行。明治から平成まで「通貨価値の安定」のため、時々の総裁はいかに困難に立ち向かったか。三十一代二十九人の行動を通してみる日本経済の鏡像。

2272

最暗黒の東京
松原岩五郎著（解説・坪内祐三）

明治中期の東京の貧民窟に潜入した迫真のルポ。残飯屋とは何を商っていたのか？　人力車夫の喧嘩はどんなことで始まるのか？　躍動感あふれる文体で帝都の貧困と格差を活写した社会派ノンフィクションの原点。

2281

ユダヤ人と経済生活
ヴェルナー・ゾンバルト著／金森誠也訳

資本主義を発展させたのはユダヤ教の倫理であって、プロテスタンティズムはむしろ阻害要因でしかない！ヴェーバーのテーゼに真っ向から対立した経済学者の代表作。ユダヤ人はなぜ成功し、迫害されるのか……。

2303

増補新訂版　有閑階級の理論
ソースティン・ヴェブレン著／高　哲男訳

産業消費社会における「格差」の構造を、有史以来存在する「有閑階級」をキーワードに抉り出す社会経済学の不朽の名著！　人間精神と社会構造に対するヴェブレンの深い洞察力は、ピケティのデータ力を超える。

2308

政治・経済・社会

竹内　洋著
立志・苦学・出世　受験生の社会史
日本人のライフ・コースに楔《くさび》のように打ち込まれている「受験」。怠惰・快楽を悪徳とし、雑誌に煽られてひたすら刻苦勉励する学生たちの禁欲的生活世界を支え続けた物語とはいったい何だったのかを解読する。
2318

松本三和夫著
科学社会学の理論
福島原発事故以降、注目を集める科学社会学。その第一人者が地球環境問題、原子力開発を例に、私たちが科学技術と正しく付き合う拠り所を探る。深刻なリスクと隣り合わせの現代社会を生きるための必携書。
2356

小林一三著（解説・鹿島　茂）
逸翁自叙伝　阪急創業者・小林一三の回想
電鉄事業に将来を見た男はどんな手を打ったか。沿線の土地買収、郊外宅地の開発分譲、少女歌劇……。誰も考えつかなかった生活様式を生み出した、大正・昭和を代表する希代のアイデア経営者が語る自伝の傑作。
2361

佐々木惣一著（解説・石川健治）
立憲非立憲
京都帝大教授を務め、東京帝大の美濃部達吉と並び称された憲法学の大家・佐々木惣一が大正デモクラシー華やかなりし頃に世に問うた代表作。「合憲か、違憲か」の対立だけでは、もはや問題の本質はつかめない。
2366

尾崎行雄著（解説・奈良岡聰智）
民権闘争七十年　咢堂回想録
代議士生活六十三年、連続当選二十五回。「憲政の神様」の語る戦前の政党の離合集散のさまは面白くも哀しい。回想を彩る鋭い人物評、苦い教訓と反省は、立憲主義、議会政治の本質が問われている今なお新しい。
2377

鈴木　淳著
関東大震災　消防・医療・ボランティアから検証する
防ぎようがない天災。しかし災害の規模は、人的活動によって大きく左右される。市民、首相、華族、在郷軍人会、青年団――。東京を襲った未曾有の災害に人びとが立ち向かった一週間が物語る歴史の教訓とは。
2381

政治・経済・社会

ブルジョワ　近代経済人の精神史

ヴェルナー・ゾンバルト著／金森誠也訳

中世の遠征、海賊、荘園経営。近代の投機、賭博、発明。そして宗教、戦争。歴史上のあらゆる事象から、企業活動の側面は見出される。資本主義は、どこから始まり、どう発展してきたのか？　異端の碩学が解く。

2403

犬と鬼　知られざる日本の肖像

アレックス・カー著

日本は一九九〇年代、バブル崩壊を引き金に本質的に失敗した。経済、環境、人口、教育……。慢性的かつ長期的な問題を抱えるこの国の行き先は？　日本をこよなく愛するＶＩＳＩＴ　ＪＡＰＡＮ大使が警告する。

2405

革命論集

アントニオ・グラムシ著／上村忠男編・訳

イタリア共産党創設の立役者アントニオ・グラムシの、本邦初訳を数多く含む待望の論集。国家防衛法違反の容疑で一九二六年に逮捕されるまでに残した文章を精選した。ムッソリーニに挑んだ男の壮絶な姿が甦る。

2407

ソビエト連邦史　１９１７－１９９１

下斗米《しもとまい》伸夫《のぶお》著

共産党が所有する国家＝ソビエト連邦の誕生と崩壊は二十世紀最大の政治事件であった。革命、権力闘争、陰謀、粛清、虐殺。新出の史資料を読み解き、社会主義国家建設という未曾有の実験の栄光と悲惨を描く。

2415

新しい中世　相互依存の世界システム

田中明彦著

冷戦の終焉、覇権の衰退、経済相互依存の進展。激動する世界はどこに向かうのか――。歴史的な転換期にあるポスト近代の世界システムを、独自の視点により理論と実証で読み解いた、サントリー学芸賞受賞作。

2441

皇后考

原　武史著（解説・安藤礼二）

神功皇后や光明皇后と感応しつつ、ナカツスメラミコトたらんと激動の近代日本に時空を超えた「皇后」像を現出させた貞明皇后とは？　天皇制の本質に斬新な切り口で迫り、秘められた扉を開いた記念碑的著作！

2473

《講談社学術文庫　既刊より》

自然科学

今西錦司著（解説・小原秀雄）
進化とはなにか

正統派進化論への疑義を唱える著者は名著『生物の世界』以来、豊富な踏査探検と卓抜な理論構成とで、〝今西進化論〟を構築してきた。ここにはダーウィン進化論を凌駕する今西進化論の基底が示されている。

1

朝永《ともなが》振一郎《しんいちろう》著（解説・伊藤大介）
鏡の中の物理学

〝鏡のなかの世界と現実の世界との関係は……〟この身近な現象が高遠な自然法則を解くカギになる。科学と量子力学の基礎を、ノーベル賞に輝く著者が一般読者のために平易な言葉とユーモアをもって語る。

31

湯川秀樹著（解説・片山泰久）
目に見えないもの

初版以来、科学を志す多くの若者の心を捉えた名著。自然科学的なものの見方、考え方を誰にもわかる平易な言葉で語る珠玉の小品。真実を求めての終りなき旅に立った著者の研ぎ澄まされた知性が光る。

94

湯川秀樹著
物理講義

ニュートンから現代素粒子論までの物理学の展開を、歴史上の天才たちの人間性にまで触れながら興味深く語った名講義の全録。また、博士自身が学生時代の勉強法を随所で語るなど、若い人々の必読の書。

195

W・B・キャノン著／舘 鄰・舘 澄江訳（解説・舘 鄰）
からだの知恵 この不思議なはたらき

生物のからだは、つねに安定した状態を保つために、さまざまな自己調節機能を備えている。本書は、これをひとつのシステムとしてとらえ、ホメオステーシスという概念をはじめて樹立した画期的な名著。

320

牧野富太郎著（解説・伊藤 洋）
植物知識

本書は、植物学の世界的権威が、スミレやユリなどの身近な花と果実二十二種に図を付して、平易に解説したもの。どの項目から読んでも植物に対する興味がわき、楽しみながら植物学の知識が得られる。

529

《講談社学術文庫　既刊より》

自然科学

村上陽一郎著
近代科学を超えて
クーンのパラダイム論をふまえた科学理論発展の構造を分析。科学の歴史的考察と構造論的考察から、科学史と科学哲学の交叉するところに、科学の進むべき新しい道をひらいた気鋭の著者の画期的科学論である。
764

森　毅著
数学の歴史
数学はどのように生まれどう発展してきたか。数学史を単なる記号や理論の羅列とみなさず、あくまで人間の文化的な営みの一分野と捉えてその歩みを辿る。知的な挑発に富んだ、歯切れのよい万人向けの数学史。
844

森　毅著（解説・野崎昭弘）
数学的思考
「数学のできる子は頭がいい」か、それとも「数学などやる人間は頭がおかしい」か。ギリシア以来の数学的思考の歴史を一望。現代数学・学校教育の歪みを一刀両断。数学迷信を覆し、真の数理的思考を提示。
979

森　毅著（解説・村上陽一郎）
魔術から数学へ
西洋に展開する近代数学の成立劇。小数はどのように生まれたか、対数は、微積分は？　宗教戦争と錬金術が猖獗を極める十七世紀ヨーロッパでガリレイ、デカルト、ニュートンが演ずる数学誕生の数奇な物語。
996

池田清彦著
構造主義科学論の冒険
旧来の科学的真理を問直す卓抜な現代科学論。科学理論を唯一の真理として、とめどなく巨大化し、環境破壊などの破滅的状況をもたらした現代科学。多元主義にもとづく科学の未来を説く構造主義科学論の全容。
1332

杉田玄白著／酒井シヅ現代語訳（解説・小川鼎三）
新装版**解体新書**
日本で初めて翻訳された解剖図譜の現代語訳。オランダの解剖図譜『ターヘル・アナトミア』を玄白らが翻訳。日本における蘭学興隆のきっかけをなし、また近代医学の足掛りとなった古典的名著。全図版を付す。
1341